NATIONALPARKS DER WELT
INDONESIEN

NATIONALPARKS DER WELT

INDONESIEN

TEXT: JANET COCHRANE
FOTOS: GERALD CUBITT

Weitere Fotos von Alain Compost,
Michalel AW und anderen

KÖNEMANN

Originalausgabe 2000 New Holland Publishers (UK) Ltd

Titel der Originalausgabe:
The National Parks and other Wild Places of Indonesia

Für Easy Pic Library GmbH
Übersetzung aus dem Englischen: Thomas Staender, Dr. Hiltrud Cordes
Lektorat: Dr. Ilonka Kunow
Fachlektorat: Helmut Piribauer
Redaktion und Satz: Easy Pic Library GmbH

Projektkoordination: Dorit Esser
Herstellung: Ursula Schümer

Druck und Bindung: Star Standard Industries Pte. Ltd.
Printed in Singapore

ISBN 3-8290-3913-1

10 9 8 7 6 5 4 3 2 1

Anmerkung des Herausgebers:

Die Pflanzen und Tiere werden in diesem Buch zumeist unter ihrem gebräuchlichen deutschen Namen aufgeführt. Für manche exotischen Arten existieren keine deutschen Begriffe, in diesen Fällen wurden die englischen Namen belassen. Um Mißverständnisse zu vermeiden, ist in manchen Fällen die lateinische Bezeichnung zusätzlich angegeben. Das Glossar auf S. 174 gibt einen Überblick über die Tier- und Pflanzenwelt in Indonesien. Die abgedruckten Karten dienen lediglich der Orientierung. Für Reisen im Land empfehlen wir, auf ausführlicheres Kartenmaterial zurückzugreifen. Alle Informationen in diesem Buch stammen aus zuverlässigen Quellen und sind sorgfältig geprüft. Für ihre Richtigkeit und Vollständigkeit können wir jedoch keine Haftung übernehmen.

INHALT

Danksagung des Fotografen

Gerald Cubitt ist folgenden Personen für ihre uneigennützige Unterstützung vor, während und nach seinen Reisen durch Indonesien zu Dank verpflichtet:

Indonesien: Joop Avé, Andi Mappisammeng and Udin Saifuddin, Directorate General of Tourism • Mandarin Oriental, Jakarta • Dr. Kathy MacKinnon and Dr. Charles Santiapillai, World Wide Fund for Nature Programme Office (Jakarta) • Drs Effendy Sumardja • Central and Field Staff of the Offices of Natural Resources and Nature Conservation • Garuda Indonesia • Merpati Nusantara Airlines Indoavia Air Charter • Drh Linus Simanjuntak, Ragunan Zoo, Jakarta • Dr. Birutė Galdikas, Orang Utan Research and Conservation Project, Tanjung Puting • Aristides Katoppo and Aco Manafe, MUTTARA, Surat Kabar Mingguan • Don Hasman, Robby Semeru, Des Alwi, J.B. Ridgeway and Jack Daniels, Spice Island Cruises • Drg Halim Indrakusuma and Heyder Souisa, Pacto Tours • David Heckman, Sobek Expeditions • Treesnawarty Madaning, Insatra Exclusive Tours, Sulawesi • Freeport Indonesia Hotels Nusa Dua and Sanur Beach, Bali • Senggigi Beach Hotel, Lombok • Heritage Sarana Resorts

Europa: Peter Jackson • Dr. John Dransfield, Royal Botanic Gardens, Kew • Dr. Mark Cheek, Royal Botanic Gardens, Kew • Dr. Philip Cribb, Royal Botanic Gardens, Kew • Dr. George Argent, Royal Botanic Gardens, Edinburgh • Rosemary Smith, Royal Botanic Gardens, Edinburgh • Maureen Warwick, Royal Botanic Gardens, Edinburgh • Dr. Roy Watling, Royal Botanic Gardens, Edinburgh Dr. Colin McCarthy, Natural History Museum, London • Dr. Dick Vane-Wright, Natural History Museum, London • Lynn Clayton, Oxford University • Dr. Jim Comber • John Edwards Hill • Dr. Jan van Tol, Natural History Museum, Leiden • Dr. Tim Whitmore, Cambridge University

Gerald Cubitt möchte besonders seiner Frau Janet danken, die ihn auf seinen Reisen begleitete und mit Rat und Tat zur Seite stand.

Bildnachweis

mit Ausnahme der nachfolgenden Bilder stammen sämtliche Aufnahmen von Gerald Cubitt.

Michael AW (Ocean N Environment): S.15 (ur); S.28 (o); S.28 (ul); S.28 (ur); S.29; S.30 (Ml); S.64 (ul); S.64 (Mu); S.65; S.66 (o); S.66 (ur); S.66 (ul); S.67 (M); S.67 (u); S.92 (l); S.92 (r); S.93 (l); S.93 (or); S.93 (ur); S.98 (ol); S.98 (Ml); S.98 (ul); S.98 (r); S.99; S.100 (o); S.100 (u); S.101 (ol); S.101 (ul); S.109; S.111 (ol); S.111 (Ml); S.111 (ul); S.111 (r); S.118; S.120 (ol); S.120 (or); S.120 (u); S.121 (o); S.121 (ul); S.121 (ur); S.123 (or); S.132 (ol); S.132 (ul); S.132 (r); S.133; S.134 (ur); S.135 (o); S.135 (u); S.137 (or); S.146 (u); S.150; S.151; S.152 (M); S.152 (ul); S.152 (ur); S.152-153; S.153 (u) • *Janet Cochrane*: S.27 (ur); S.43 (ur); S.77 (ur); S.113; S.116 (o); S.117 (r); • *Bruce Coleman Collection*: S.61; S.130 (ol) • *Alain Compost*: S.1; S.4-5; S.6-7; S.10-11; S.12; S.13; S.14 (ul); S.15 (ul); S.16 (ul); S.17 (ul); S.20-21; S.21 (or); S.24 (ol); S.24-25; S.27 (o); S.31; S.32 (o); S.32 (u); S.33; S.34 (ol); S.34 (or); S.34 (u); S.35 (o); S.35 (u); S.36 (ol); S.36 (Ml); S.36 (r); S.37; S.38 (o); S.38 (u); S.39 (o); S.40; S.41; S.42 (o); S.42 (u); S.43 (ol); S.43 (ul); S.44 (ur); S.45; S.47 (ul); S.48-49; S.50; S.51; S.52 (o); S.52 (Mu); S.53 (u); S.54 (o); S.55; S.56 (u); S.58 (o); S.58 (u); S.59 (ul); S.59 (ur); S.62 (o); S.63 (o); S.63 (u); S.68 (ol); S.68 (Ml); S.68 (ul); S.68 (r); S.69; S.70 (o); S.71 (o); S.71 (Mr); S.74 (ol); S.74 (ul); S.76-77; S.77 (or); S.77 (Mr); S.78 (ol); S.78 (Ml); S.78 (r); S.79; S.80 (l); S.80-81; S.81 (or); S.82 (o); S.82 (ul); S.82 (Mu); S.82 (ur); S.83; S.84 (u); S.85 (r); S.87; S.88 (o); S.88 (M); S.88 (u); S.91; S.94 (o); S.95 (o); S.104 (o); S.105 (l); S.106 (o); S.106 (ul); S.106 (ur); S.108 (u); S.108 (or); S.116 (M); S.124 (ur); S.127 (or); S.127 (ur); S.128; S.129; S.130 (or); S.130 (Mr); S.130 (u); S.131 (o); S.131 (u); S.136-137; S.140 (ul); S.141 (o); S.142 (r); S.143; S.144 (or); S.144-145; S.145 (u); S.148 (ur); S.152 (ol); S.152 (Mo); S.155 (or); S.156; S.158 (ol); S.158 (or); S.159 (r); S.161; S.164 (ol); S.164 (u); S.164-165; S.165 (or); S.165 (u); S.166 (ul); S.166 (r); S.167; S.170 (M); S.172-173; S.174-175; S.176 • *Michael and Patricia Fogden*: S.102 (ur); S.103; S.105 (r); S.107; S.112 (ol) • *Jill Gocher*: S.2-3; S.8-9; S.49 (or); S.54 (ur); S.64 (ur); S.67 (o); S.90; S.101 (r); S.104 (ul) • *Paul Kay*: S.142 (ul) • *Frank Lambert*: S.140 (ur) • *Tim Motion*: S.46 (ur); S.47 (or); S.47 (ur); S.112 (r); S.142 (Ml) • *Photobank (Singapore)*: S.64 (o) • *Morten Strange*: S.126 (u); S.146 (o); S.148 (or) • *Tony Tilford*: S.142 (ol); • *Travel Ink:* S.148 (l) • *Perry Van Duijenhoven:* S.30 (o); • *Bernard Van Elegem:* S.70 (u); S.71 (ur); S.97 (l); S.104 (ur); S.119; S.124 (o); S.124 (ul); S.124 (Mu); S.125; S.126 (ol); S.126 (or); S.127 (ol) • *Johan Van Roy*: S.73; S.149 • *Filip Verbelen*: S.36 (ul) • *Wildlight Photo Agency*: S.53 (o); S.54 (ul); S.56 (o); S.95 (ul); S.169 (o) • *Chew Yen Fook*: S.59 (o); S.147

o = oben; u = unten; M = Mitte; l = links; r = rechts

S. 1: Nashornvogel auf Kalimantan; S. 2–3: Morgenstimmung auf Java; S. 4–5: Krieger vom Stamm der Asmat, Irian Jaya; S. 6–7: Regenwald im Kerinci Seblat National Park, Sumatra; S. 8–9: Bambuswäldchen auf Bali; S. 10–11: Fliegende Hornvögel auf Sumatra

Danksagung

Zur Verwirklichung des vorliegenden Bandes trugen wesentlich bei:

Berater

Die Naturforscher **Tony und Jane Whitten** leben seit über zehn Jahren in Indonesien, das sie auf ausgedehnten Reisen erkundeten. Ihr Fachwissen zu Fauna und Flora des Landes ist in Artikel und Bücher zu den Themen Umweltschutz, Säugetiere, Landschnecken und Fische der indonesischen Inseln eingeflossen.

Paul Jepson war als Leiter der Umweltstiftung BirdLife International Indonesia tätig und ist heute freiberuflicher Berater für Umweltschutzfragen. Von ihm stammt das Buch *Birding Indonesia.*

Agus Purnomo, Vorsitzender des World Wide Fund for Nature Indonesia

Die Beamten, Führer und Ranger der beschriebenen Nationalparks und Schutzgebiete

Mahmud Bangkaru, Pulau Banyak Foundation (Pulau Banyak) • Iain Ellis, Voluntary Service Overseas (Bali Barat/Menjangan) • Neville Grant, VSO (Siberut) • Mark Grantham, VSO (Alas Purwo) • Debbie Martyr, Proyek Orang Pendek (Kerinci Seblat) • Duncan Neville, The Nature Conservancy (Arfak Mountains) • John Ratcliffe (Irian Jaya) • Helen Schneider, VSO Environment Coordinator, Indonesia

Mashud Achmad • J Allan Cash Photolibrary • Michael I. Evans • Dr. Frank Lambert • Adrian Long, BirdLife International • Michael K. Poulsen • Jane Hyde, Natural History New Zealand Ltd • Pam Kemp • Katerina und Eric Roberts • Susanne Schmitt • Still Pictures • Mark Strickland • Henrietta Van den Bergh

KURZDOLMETSCHER

Folgende Begriffe tauchen häufig in Ortsnamen auf und dienen der besseren Orientierung.

air	Wasser	losmen	Pension
anak	Kind	mesjid	Moschee
api	Feuer	muara	Flußmündung
banyak	viele	panas	heiß
barat	Westen	panjang	lang
batu	Stein	pasir	Sand
besar	groß	penuh	voll
bukit	Hügel	pondok	Hütte/ Unterstand
cendrawasih	Paradiesvogel	pulau	Insel
danau	See	puncak	Gipfel
dua	zwei	rawa	Sumpf
goa (auch gua)	Höhle	sawah	Reis
gunung (Gn.)	Berg	sungai	Fluß
labuhan/ labuan	Hafen	surat jalan	Genehmigung
laut	Meer	tanjung	Kap
		ujung	Ende

Kartenlegende

(Linie)	Hauptstraße
(Linie)	Nebenstraße
(gestrichelt)	Weg
Sarawak	Staatsgrenze
(gestrichelt)	Provinzgrenze
(gestrichelt)	Parkgrenze
Jakarta	Haupt- oder Großstadt
Bangko	Dorf oder Kleinstadt
Park-verwaltung	Information
Buluh Kecil	Sehenswürdigkeit
S. Sopu	Fluß
Gn. Lembu 3077m (10095ft)	Gipfel
	Flughafen

WWF®

Vorwort

Wie bunte Perlen eines Kolliers reihen sich die 17 500 Inseln Indonesiens am Äquator entlang. Was sie so außergewöhnlich macht, ist der Artenreichtum, den ihre Flora und Fauna bieten. Dabei sind fast ein Drittel aller vorkommenden Tiere und Pflanzen endemisch (in freier Wildbahn nur hier anzutreffen). Neben Korallenriffen, naturbelassenen Stränden, dichten Mangrovenwäldern und schwelenden Vulkanen besitzt Indonesien immer noch die größten tropischen Regenwälder im asiatisch-pazifischen Raum.

Leider wurden diese natürlichen Lebensräume jedoch größtenteils durch Besiedlung und Raubbau zerstört. Um die verbleibenden Wälder zu bewahren, wurden inzwischen insgesamt 40 Millionen Hektar offiziell unter Naturschutz gestellt. Dabei konzentrieren sich die Bemühungen der Regierung und internationaler Umweltschutzorganisationen vor allem auf die Nationalparks.

Ein optimal verwalteter Nationalpark erfordert zwei Voraussetzungen: einen vernünftigen Schutzplan und Menschen, die sich nach ihm richten. WWF Indonesien hat innerhalb der letzten 35 Jahre die Regierung bei der Entwicklung etwa eines Fünftels aller Schutzpläne unterstützt. Aber der Erfolg der Maßnahmen hängt von der Durchsetzungsfähigkeit der Verwaltung und den bereitgestellten finanziellen Mitteln ab. Wie in zahlreichen Entwicklungsländern existieren auch in Indonesien viele Schutzgebiete nur auf dem Papier. Verschärft wurde die Lage durch die Wirtschaftskrise der letzten Jahre. Meist sind die Parkwächter nur mit unzureichenden Mitteln ausgestattet, um ihren Aufgaben nachzukommen. Es bedarf daher nachhaltiger technischer und finanzieller Unterstützung, um die Nationalparks zu erhalten.

Janet Cochrane führt Sie in diesem Buch sachkundig in die Naturschutzgebiete Indonesiens ein, gibt Ihnen einen guten Überblick über Flora und Fauna und viele wertvolle Reisetips. Gerald Cubitts Natur- und Tieraufnahmen vermitteln die Schönheit dieser Inseln mit ihren unvergleichlichen Landschaften und Lebensräumen.

Wenn Sie Indonesien bereisen, sollten Sie unbedingt die Nationalparks des Landes entdecken – Ihr Besuch wird garantiert ein unvergeßliches Erlebnis!

Agus Purnomo
Vorsitzender des WWF Indonesia

Einleitung

Indonesien ist ein Land mit gewaltigen Dimensionen. Seine 17 500 Inseln umspannen über drei Zeitzonen hinweg einen Bogen von über 5100 km Länge entlang des Äquators. Das Land beherbergt eine erstaunliche Vielfalt an Lebensräumen – von üppigen Tropenwäldern und spärlicher Gebirgsvegetation über stille Seen und Wildwasserflüsse bis hin zu tiefen Ozeanen und komplexen Korallenriffen. Jeder Naturenthusiast kommt hier auf seine Kosten – sowohl der interessierte Besucher, der große Tiere in freier Wildbahn sehen möchte, ohne auf touristische Annehmlichkeiten verzichten zu müssen, als auch der Reisende mit Spezialinteresse, der vielleicht seine persönliche Vogelbeobachtungsliste ergänzen möchte.

Ein Naturparadies zwischen zwei Welten

Der Hauptgrund für den außergewöhnlichen Artenreichtum Indonesiens ist, daß hier zwei unterschiedliche biogeographische Hauptregionen zusammentreffen: Die westliche Hälfte des Landes gehört zum orientalischen Raum, während die östliche Hälfte im australasiatischen Raum liegt. Somit ähnelt die Tier- und Pflanzenwelt der Inseln Sumatra, Borneo, Java und Bali der des asiatischen Festlandes, wogegen Irian Jaya und seine Nachbarinseln mehr Gemeinsamkeiten mit Australien aufweisen. Die Fauna des westlichen Raumes umfaßt Affen, Huftiere und Katzen, während im Osten die bodenbewohnenden Säugetiere zumeist Beuteltiere oder Angehörige der Familie der Kloakentiere sind. Viele der höheren Säugetiere wie Rehe, Schweine und Hunde wurden vor Jahrtausenden von frühen Einwanderern eingeführt.

Das Bild Indonesiens ist von Kontrasten geprägt: von Kraterseen mit aufsteigenden Nebelschwaden in Nusa Tenggara (links) *bis zu den von Krokodilen bewohnten Küstensümpfen Irian Jayas* (oben).

Obwohl Vögel mobiler sind als Säugetiere, zeigt sich bei ihrer Verbeitung ein ähnliches Bild. Während Familien wie die Bartvögel, Bülbüls und Breitmäuler nur in Westindonesien vorkommen, findet man Lederköpfe, Großfußhühner, Laubenvögel und Paradiesvögel nur im Osten des Landes. Auch in der Pflanzenwelt ist diese Zweiteilung zu beobachten. So herrschen in den Wäldern des Westens *Dipterokarpazeen* vor, wertvolle Edelhölzer, die nach ihren zweiflügeligen Samenkapseln benannt sind. Auf Sulawesi und weiter östlich findet man nur noch sechs Arten dieser Familie. Andererseits stellt Sulawesi die Westgrenze für das Vorkommen von Eukalyptusarten dar.

Sulawesi ist insbesondere deshalb interessant, weil es die größte Insel ist, auf der die beiden natürlichen Großräume überlappen. Diese faszinierende Region, in der sowohl höhere Säugetiere als auch Beuteltiere vorkommen, ist unter der Bezeichung »Wallacea« bekannt – so benannt nach dem britischen Naturforscher Alfred Russel Wallace, der gegen Mitte des 19. Jahrhunderts acht Jahre im damaligen Ostindien verbrachte. Er stellte fest, daß die Grenze zwischen westlicher und östlicher Fauna genau zwischen den Inseln Bali und Lombok verläuft. Er entwickelte auch die Theorie der natürlichen Auslese als Triebfeder der Evolution, die der ältere, etabliertere Charles Darwin aufgriff.

Woher Indonesiens Artenvielfalt stammt

Die vielen Inseln unterschiedlichster Größe, aus denen sich Indonesien zusammensetzt, sind ein Grund für diese Vielfalt an Pflanzen- und Tierarten. Auf einer ausgedehnten Landfläche kann eine Art gewöhnlich eine gesunde Populationsgröße aufrechterhalten, weil ein ständiger Austausch von Individuen besteht und die Gefahr ihrer Auslöschung durch Seuchen oder Naturkatastrophen gering ist.

Dagegen kann die Isolierung einer Gruppe von Tieren auf einer kleinen Insel – zum Beispiel infolge des Anstiegs der Meeresspiegel zum Ende der Eiszeit – zum Aussterben führen. Dieser Effekt nimmt mit der Entfernung einer Landmasse vom Ausbreitungszentrum der kolonisierenden Art zu. So gibt es auf Bali nur 37 Säugetierarten, auf Java, das näher am asiatischen Festland liegt, schon 137 und auf Sumatra, das wesentlich größer als die beiden anderen Inseln ist und noch näher am Festland liegt, mehr als 200 Arten. Ein anderer wichtiger Grund für die Artenvielfalt sind die großen Höhenunterschiede in Indonesien. Weil in den Tieflagen sehr milde Winter herrschen, konnten sich dort unzählige Pflanzenarten entwickeln. Diese bilden wiederum den Lebensraum für unzählige Insekten und andere Wirbellose sowie für die mehr als 1500 Vogelarten, die es auf ganz Indonesien gibt.

Die Meere um Indonesiens Inseln sind für Millionen von Menschen Transportweg und Nahrungsquelle zugleich. Ihre Bedeutung spiegelt sich in dem poetischen Namen wider, den die Indonesier ihrem Land gaben: Tanah Air Kita – »unser Land und Wasser«. Unabhängig von ihrem ökonomischen Stellenwert, der auf dem Fischreichtum und den Meeresbodenschätzen Öl und Gas beruht, beherbergen die Ozeane auch wunderbar unberührte Korallenriffe und große Meerestiere wie Dugongs, Delphine, Schildkröten und Wale.

Das Klima Indonesiens

Für ein Land der Tropen ist Indonesien nicht besonders heiß. Selbst im Großraum der Millionenstadt Jakarta liegen die höchsten Tagestemperaturen bei 31–34 °C und die der Nacht bei 22–24 °C. Wenn man dennoch das Gefühl hat, es sei wesentlich heißer, so liegt das an der hohen Luftfeuchtigkeit und am Fehlen einer kühlen Brise. Es gibt regionale und saisonbedingte Unterschiede; so kühlt im Winter der Südhalbkugel z.B. der Wasur-Nationalpark im äußersten Südosten von Irian Jaya auf angenehme Durchschnittstemperaturen um die 26 °C ab. In den Bergregionen, wie etwa dem Kerinci-Hochland in Sumatra oder der Bromo-Tengger-Semeru-Region in Ostjava sinken die Temperaturen bei zunehmender Höhe deutlich ab. Die Nächte im Wald können selbst im Tiefland kühl werden, vor allem während der Regenzeit und in Küstennähe.

In größeren Zusammenhängen wird das Klima durch den Luftaustausch zwischen der nördlichen und der südlichen Hemisphäre bestimmt. Zwischen März und September, also im Sommer der nördlichen Erdhalbkugel, werden Luftmassen aus dem kälteren Süden angezogen und verursachen den Südostmonsun; umgekehrt kommen die Winde aus nordwestlicher Richtung, wenn auf der Südhalbkugel Sommer ist, also von Oktober bis Februar. Grob gesprochen verursacht der Nordwestmonsun in Westindonesien die meisten Regenfälle, während in Ostindonesien der Südostmonsun die Regenzeit bringt. Auch die Ausformung der Landschaft hat einen bedeutenden Einfluß auf das Wetter, denn an Küsten und Berghängen, die dem Wind zugewandt liegen, regnet es viel mehr als in den windabgewandten Landesteilen. Der Meru-Betiri-Nationalpark an der Südostküste etwa hat wegen seiner steilen Berge, die die Luftmassen zum Aufsteigen und Abregnen zwingen, eine wesentlich höhere Niederschlagsrate als der nicht weit entfernte Baluran-Nationalpark, der im geschützten Nordwesten Javas liegt. Wie dieser hat auch der Bali-Barat-Nationalpark auf der gegenüberliegenden Seite der Meerenge zwischen Java und Bali ein Monsunklima mit extremen Unterschieden zwischen Regen- und Trockenzeit. In Sumatra und Westjava kann es dagegen in jedem Monat des Jahres heftige Regenfälle geben.

Naturschutz und Entwicklung

Die indonesische Regierung hat im gesamten Land 40 Nationalparks und Hunderte von Naturschutzgebieten eingerichtet. Dies geschah aus der Einsicht heraus, daß das Überleben von Flora und Fauna nur dann gewährleistet ist, wenn ganze Lebensräume geschützt werden.

Leider fehlen dem Land die finanziellen und personellen Mittel, um die Gesetze in vollem Umfang durchzusetzen; entsprechende Mängel sind bisweilen offensichtlich. Auch die Wirtschaftskrise, die Indonesien seit 1997 heimsucht, hat negativen Einfluß auf die Schutzmaßnahmen. Nach wie vor werden die Regenwälder des Landes in großem Stil abgeholzt, um die Edelhölzer international zu vermarkten; riesige Waldflächen werden der Plantagenwirtschaft vor allem von Ölpalmen geopfert. Selbst vor den Schutzgebieten macht die aggressive Waldvernichtung oft nicht halt. 1997 und 1998 haben verheerende Waldbrände auf Sumatra und Borneo sowie in Irian Jaya unermeßliche Schäden angerichtet. Hauptursache waren außer Kontrolle geratene Brandrodungen, die durch die vom Wetterphänomen *El Niño* verursachte ungewöhnlich lange Trockenzeit noch begünstigt wurden. Unter den Nationalparks waren besonders Gunung Leuser und Tanjung Puting, mit die letzten Rückzugsgebiete für Orang-Utans, betroffen; vermutlich sind Tausende der Menschenaffen und unzählige andere Tiere in den Flammen umgekommen oder in den vertrockneten Wäldern verhungert.

Es ist zu hoffen, daß mit dem erneuten Regierungswechsel in Indonesien im Oktober 1999 auch eine neue Ära für die nachhaltige, umweltverträgliche Nutzung der Ressourcen des Landes anbricht. Den Anfang könnte eine bereits im Januar 1999 verabschiedete Neuauflage des Naturschutzgesetzes machen, welches nun eine erweiterte Anzahl von Pflanzen- und Tierarten unter Schutz stellt.

Allerdings muß berücksichtigt werden, daß die Nationalparks erst zu Beginn der 1970er Jahre eingerichtet wurden und daß ein vielerorts als selbstverständlich betrachtetes Umweltbewußtsein in Indonesien noch nicht sehr weit verbreitet ist. Unter Studenten und jungen Berufstätigen wie auch bei indigenen Bevölkerungsgruppen, die selbst von der Zerstörung ihrer Umwelt durch Abholzung und Abbau von Bodenschätzen betroffen sind, besteht aber ein wachsendes Interesse am Schutz der Umwelt, was bereits zur Gründung einzelner Umweltstiftungen und -vereine führte. Andererseits wird generell akzeptiert, daß die natürlichen Ressourcen Indonesiens zum Wohle der mehr als 200 Millionen Einwohner des Landes genutzt werden müssen. Eine Möglichkeit, dies ohne größere Schäden zu tun, bietet sicherlich der Ökotourismus.

Der Regenwald – Flora und Fauna entdecken

Ein Hauptziel vieler Besucher ist, die größeren Tiere Indonesiens in freier Wildbahn zu erleben. Doch ist dies nicht einfach – außer an Plätzen, wo die Tiere ausgewildert wurden oder sich an Besucher gewöhnt haben; dies gilt etwa für die Orang-Utans in Bohorok und Tanjung Puting sowie für die Komodo-Warane. Dort, wo auf Sumatra und Java sowie in Kalimantan der Regenwald noch intakt ist, sind Siamangs, Gibbons und Makaken relativ leicht zu beobachten. Vogelbeobachter werden von Anzahl und Vielfalt begeistert sein; wer die richtigen Plätze besucht, kann innerhalb weniger Tage durchaus Hunderte von Arten sehen.

Von links nach rechts: *Die Vielfältigkeit indonesischer Landschaften reicht von rauchenden Kratern aktiver Vulkane zu den Eiswüsten äquatorialer Gletscher, von üppigen Bergwäldern in Westjava bis zu den abgelegenen, ariden Inseln Nusa Tenggaras, wo der Legende nach die Drachen hausen.*

Grundsätzlich sind Regenwälder jedoch ein schwieriges Terrain für Tierbeobachtungen. Viele Waldbewohner leben versteckt und sind zudem noch nachtaktive Einzelgänger. Die meisten Blumen und Früchte des Waldes befinden sich in den Baumwipfeln, wo dann auch die Vögel und anderen Tierarten, die sich von ihnen ernähren, leben. Es ist daher sinnvoll, das Leben im Wald in seiner ganzen Komplexität zum eigentlichen Ziel der Beobachtung zu machen – von einer Ameisenstraße, die den Waldboden überquert, bis hin zu einem großen Fußabdruck mit drei Zehen, der anzeigt, daß kürzlich ein Nashorn vorbeiging. Ein gelber Fleck auf einem Baumstamm kann sich als Kehlsack eines Gewöhnlichen Flugdrachens entpuppen und ein fremder Käfer auf dem Ärmel als Vertreter einer noch unbekannten Art – was sogar ziemlich wahrscheinlich ist, da die meisten Insekten des Regenwalds noch nicht beschrieben sind.

Sich mitten im üppigen Wuchs eines tropischen Waldes zu befinden, mit seinem grünen Blätterdach, den riesigen Baumstämmen, an deren oberen Ästen unzählige Arten von Farnen, Bromelien, Orchideen, Lianen und anderen Epiphyten sitzen, um das lebenspendende Sonnenlicht und den Regen zu erreichen, allein dies ist eine wunderbare Erfahrung. Hat man einmal sein Bewußtsein auf diese Gesamtheit gerichtet, wird die »Entdeckungsjagd« auf große Wildtiere nicht mehr so wichtig – ein Exemplar zu sehen ist dann ein um so schöneres Erlebnis.

Auch die Zeitplanung für den Besuch einer Wildtiergegend birgt Probleme. Die meisten organisierten Ausflüge werden auf die Tagesmitte gelegt – zum Teil deshalb, weil es in den Parks meist an guten Unterkünften mangelt. Dies bedeutet unglücklicherweise, daß man mit Sicherheit nichts Interessantes sehen wird, weil die meisten Tiere – insbesondere Vögel – am frühen Morgen oder am späten Nachmittag aktiv sind. Die Morgendämmerung, wenn die Tiere erwachen und ihre Stimmen erklingen lassen, ist die beste Zeit im Wald. Daher sollte man zumindest eine Nacht im Park verbringen und schon vor Sonnenaufgang aufbrechen. Auch Nachtwanderungen sind sehr lohnenswert. Mit einer starken Taschenlampe ausgerüstet kann man dabei verschiedenste kleine und große Bewohner des Urwalds aufspüren. Doch egal, wann man durch den Wald wandert, man sollte immer darauf achten, sich langsam, leise und vorsichtig zu bewegen: Rauchen, Unterhaltungen, schnelle Bewegungen und auffällige Kleidung reduzieren die Chance, etwas zu sehen.

Besuche in der Wildnis

Alle Parks unterstehen dem Generaldirektorat für Naturschutz (auf indonesisch Dirjen PHPA), einer Abteilung des Forstministeriums. Am Eingang oder in der Nähe eines jeden Nationalparks befindet sich ein PHPA-Büro, in dem man gegen ein geringes Entgelt die notwendige Zugangsgenehmigung erhält. In Hinblick auf den Übernachtungskomfort sollte man keine hohen Ansprüche stellen. Bisher kann man saubere Unterkünfte mit gutem indonesischen Essen nur an sehr populären Reisezielen wie Gunung Leuser, Ujung Kulon, Bromo Tengger Semeru, Tanjung Puting und Bunaken erwarten. Die meisten Besucher von Komodo kommen auf Kreuzfahrtschiffen, auf denen gute Unterbringung und Verpflegung gewährleistet sind. In den

Unten links: *Baumbewohner wie der Schwarzbrustmakak bevölkern das Dach des Regenwaldes.*

Unten rechts: *Wie Girlanden hängen Orchideen von den Ästen herab.*

Gebieten Gunung Halimun, Wasur, Tangkoko, Dua Saudara und Kerinci Seblat sowie in anderen nicht zu abgelegenen Parks bieten private Gästehäuser einen rudimentären Komfort. In sehr entlegenen und wenig bekannten Parks kann man nur in Privathäusern oder in Unterständen im Wald übernachten. Der Mangel an Luxus wird jedoch durch Herzlichkeit und Gastfreundschaft aufgewogen, und ein paar spartanische Tage im Park erhöhen den anschließenden Genuß der Annehmlichkeiten eines schönen Hotels um so mehr!

Welche Vorbereitungen nötig sind

In Anbetracht des niedrigen Komforts in den meisten Schutzgebieten Indonesiens ist es ratsam, möglichst autark zu sein. Die Minimalausrüstung für eine annehmbare Übernachtung besteht aus einer Schlafmatte, einem Laken, einem Moskitonetz und einer Taschenlampe. Ein Regenumhang, den man zu einer rechteckigen Plane ausbreiten kann, ist nicht nur als Regenschutz bei Ausflügen im Wald praktisch, sondern kann auch als Auflage auf einer zweifelhaften Matratze sehr hilfreich sein, weil er für Wanzen undurchdringlich ist. Wenn man nicht sicher ist, ob ausreichend Lebensmittel vorhanden sein werden, eignen sich Instantnudeln (können zur Not auch roh gegessen werden), Kekse, haltbar gemachter Käse, Schokolade und Äpfel als Proviant. Man sollte immer mindestens zwei Liter Trinkwasser dabei haben und dieses nur mit abgekochtem Wasser auffüllen. Auch eine Reiseapotheke mit Erste-Hilfe-Set darf natürlich nicht fehlen. Fernglas und Abwehrmittel gegen Mücken gehören ebenfalls zur Grundausrüstung. Lange Hosen helfen nicht nur, im Wald Blutegel und Mücken fernzuhalten, sondern sind auch für Besuche in Dörfern die kulturell angemessene Kleidung.

Das Erbe der Geschichte

Die tiefsten Eindrücke einer Indonesienreise hinterlassen zweifellos die Begegnungen mit der Natur und den Menschen mit ihren unterschiedlichen Kulturen. Die riesigen Dimensionen des Landes und die schwierigen Verbindungsmöglichkeiten über Ozeane, Flüsse, Berge und dichte Wälder hinweg haben eine enorme Vielfalt an Kulturen hervorgebracht, sichtbar etwa in Tänzen, der Musik oder im Kunsthandwerk. Indonesien blickt auf eine lange Kulturgeschichte zurück, die den Einflüssen verschiedener Religionen unterlag: Nacheinander herrschten Buddhismus, Hinduismus, Islam und Christentum, mit denen sich die indigenen Religionen vermischten. Fast überall trifft man daher auf eine Atmosphäre religiöser Toleranz.

Viele Dorfbewohner sind in ihrem ganzen Leben kaum über die Grenzen ihrer unmittelbaren Umgebung hinausgekommen und beziehen ihr Wissen über die Welt außerhalb ihres Dorfes nur aus dem Fernsehen. Ausländische Touristen werden in Dörfern oft wie Ehrengäste behandelt und zugleich als Kuriosum betrachtet. Man sollte sich deshalb darauf einstellen, geduldig die Neugier seiner Gastgeber zu befriedigen. Besucher, die die Zeit und die Bereitschaft mitbringen, unter die Oberfläche der organisierten Standardtouren zu dringen, kehren voller Enthusiasmus und Anerkennung für das Land heim. Immer mehr von ihnen kommen wieder und wieder in dieses Land, das sich banalen Erklärungen widersetzt und den Besucher mit täglich neuen Entdeckungen und Erfahrungen lockt.

Die Lebensräume der verschiedenen Inseln beherbergen unzählige Arten: Der Wohlriechende Schraubenbaum (unten rechts) *bevorzugt trockenere Gebiete; die Borneo-Schönechse* (unten Mitte) *fühlt sich im Blattwerk wohl. Der Kurzkopfgleitbeutler* (unten links) *kommt nachts aus den Bäumen.*

CHINA
Taipeh
TAIWAN
Hongkong
Hanoi
MYANMAR (BURMA)
LAOS
PAZIFISCHER OZEAN
THAILAND
Bangkok
VIETNAM
Manila
KAMBODSCHA
SÜD-CHINESISCHES MEER
PHILIPPINEN
Ho Chi Minh (Saigon)
Kuala Lumpur
MALAYSIA
SINGAPUR
Pontianak
Ujung Pandang
Jakarta
INDONESIEN
Kupang
INDISCHER OZEAN
Darwin
AUSTRALIEN
Da Nang
SÜDCHINESISCHES M
LAOS
KAMBODSCHA
VIETNAM
Ho Chi Minh (Saigon)
Mui Ca Mua
ANDAMANEN SEE
THAILAND
Songkhla
Hat Yai
Pulau Butang
Kota Bharu
MALAYSIA
Tg.Sempang
Kota Kinabalu
Sandaka
Sabah
Bandar Seri Begawan
Lahad D
BRUNEI DARUSSALAM
Miri
Banda Aceh
Penang (Georgetown)
Kuala Terengganu
Lhokseumawe
Bireuen
Langsa
Taiping
Ipoh
Meulaboh
Gn.Leuser 3455m (11335ft)
Telok Intan
Pulau Natuna
Kutanibong
Belawan
Medan
Kuantan
Tarakan
MENTAWAISTRASSE
Leuser-Ökosystem
Kelang
Kuala Lumpur
Pulau Tioman
Pulau Subi Besar
Sarawak
Gn.Basakan 1372m (4501ft)
Tanjung
Pulau Jemaja
Pulau Simeulue
Singkil
Lake Toba
Melaka
Tg.Datu
Sibu
Tanjungredeb
Pulau Banyak Nature Reserve
Sibolga
Pulau Rupat
Johor Bahru
Kuching
SAMALIUNG
Padangsidempuan
Singapur
Pulau Bintan
Singkawang
Borneo
Sangkulira
Pulau Nias
Telukdalam
Pekanbaru
Kampar Kanan
Pontianak
Kalimantan
Pulau Lingga
Bukittinggi
Tg.Putus
Pulau Tanahbala
Padangpanjang
Pulau Singkep
Samarinda
Padang
Sumatra
KARIMATASTRASSE
SCHWANER RANGE
Siberut National Park
Kerinci Seblat National Park
Maurabungo
Jambi
Pulau Bangka
Balikpa
Gn.Kerinci 3800m (12468ft)
Bangko
Pangkalpinang
Tanahgrogot
Palangkaraya
Pulau Sipura
BARISAN RANGE
Tanjungpandan
Pangkalanbun
Sampit
Amuntai
Pulau Pagai Utara
Mukomuko
Palembang
Tg.Sambar
Pulau Pagai Selatan
Pulau Belitung
Tg.Puting
Banjarmasin
Martapura
Pulau Sebu
Tanjung Puting National Park
Pelaihari
Pulau Laut
Bengkulu
Lahat
Tg.Selatan
Way Kambas National Park
INDO
Kotabumi
Thousand Islands Marine National Park
JAVASEE
Bandar Lampung
Pulau Enggano
Pulau Bawean
Pulau Dua Nature Reserve
Mauk
Jakarta
Krakatau
Serang
Tg.Bugel
Pulau Madura
Pulau Kangean
Sumur
Bogor
Cirebon
Sumenep
BALISEE
Ujung Kulon National Park
Cianjur
Tegal
Semarang
Bandung
Surabaya
Baluran National Park
Gunung Halimun National Park
Temanggung
Java
Situbondo
Bali Barat National Park
Gunung Gede Pangrango National Park
Ciamis
Jombang
Gunung Nationa
Cilacap
Yogyakarta
Malang
Jember
Bali
Bromo Tengger Semeru National Park
Lumajang
Banyuwangi
Mataram
Grajagan
Meru Betiri National Park
Denpasar
Plamp
Alas Purwo National Park
Lombok
Sumba
INDISCHER OZEAN
N

Nationalparks und Schutzgebiete Indonesiens

SUMATRA UND KALIMANTAN

Sumatra und Kalimantan, der indonesische Teil der Insel Borneo, lieferten in der Kolonialzeit Stoff für tollkühne Abenteuergeschichten von undurchdringlichen, tigerverseuchten Urwäldern, räuberischen Piraten und grausamen Kopfjägern. Mit Landflächen von 473 481 bzw. 700 000 km² sind Sumatra und Borneo die fünft- bzw. drittgrößte Insel der Erde. Zwei Millionen Jahre ungestörter Evolution haben eine sehr komplexe Tier- und Pflanzenwelt entstehen lassen. Der tropische Regenwald – hier der vorherrschende Vegetationstyp – ist der artenreichste der Welt. Beide Inseln waren während der Eiszeiten mit dem Festland Südostasiens verbunden, so daß Pflanzen und Tiere von dort einwandern konnten. Das stabile Klima am Äquator und südlich des Taifun-Gürtels trug zur Entwicklung der ungewöhnlichen Pflanzenvielfalt bei.

Beide Inseln beherbergen mehr als 600 Vogel- und über 200 Säugetierarten. Es gibt noch starke Populationen großer Säuger wie Elefanten, Nashörner, Tiger, Nebelparder und Orang-Utans. Weil ihre Verbreitungsgebiete mittlerweile eng begrenzt sind, muß man jedoch meist bestimmte Plätze aufsuchen, um ihnen zu begegnen. In Sumatra besteht eine nordsüdliche Teilung, die in der Gegend des Toba-Sees verläuft: Orang-Utan, Weißhandgibbon (Lar) und Thomas-Schlankaffen treten nördlich dieser Grenze auf, Roter Langur, Ungka und Tapir sind nur im Süden zu finden. Obwohl die unberührten Wälder bereits stark zusammengeschrumpft sind, bestehen auf beiden Inseln immer noch die besten Chancen in Indonesien, Wildtiere in verschiedenen Lebensräumen wie Regenwald, Mangroven, Torfsumpf und Grasland zu beobachten. Auch dem Abenteuertouristen haben Sumatra und Kalimantan viel zu bieten – Wildwasserfahrten im Leuser-Gebiet, Bergwanderungen in Kerinci Seblat, Kanutouren auf dem Flußsystem von Tanjung Puting, um nur einige zu nennen.

Das Leuser-Ökosystem

Den Sumatra-Primaten auf der Spur

Das Leuser-Ökosystem umfaßt auf einer Fläche von mehr als 20 000 km² zwölf größere Flüsse, Sümpfe und verschiedene Arten von Regenwald. Es reicht von der Küste bis in hohe Bergregionen. Fast die Hälfte der in der westlichen indomalaiischen Welt bekannten 9000 Pflanzen- sowie 325 Vogel- und 130 Säugetierarten sind hier beheimatet. Es ist somit eines der wenigen Gebiete, das von ausreichender Größe für lebensfähige Populationen bedrohter Tierarten wie den Sumatra-Elefant und das Sumatra-Nashorn ist. Und schließlich bietet dieses Gebiet beste Möglichkeiten, Primaten wie Orang-Utan, Siamang, den Lar oder Weißhandgibbon, Thomas-Schlankaffe, Schweinsaffe oder den Plumplori zu beobachten.

Ganz links oben: *Die in Baumkronen lebenden Thomas-Schlankaffen haben eine auffallende Gesichtszeichnung.*

Ganz links Mitte: *Auf dem Waldboden finden sich viele Arten von Ingwer-Gewächsen.*

Ganz links unten: *Am Wegesrand kann man leicht ins Netz der handtellergroßen Seidenspinne* Nephila *geraten.*

Gleich links: *Eine Fahrt auf dem Alas-Fluß führt direkt ins Herz des Leuser-Ökosystems.*

Rechts oben: *Der auffällige Nashornvogel ist ein regelmäßiger Besucher der fruchttragenden Würgerfeigen.*

Seite 20: *In der Abenddämmerung kehren die Elefanten zum Trainingszentrum zurück.*
Seite 21: *Die größeren Nationalparks auf Sumatra bieten dem bedrohten Sumatra-Tiger Zuflucht.*

Ein Heim für Orang-Utan-Waisen

Anfang der 1970er Jahre wurde in der Nähe von Bukit Lawang eine Station für Orang-Utan-Waisenkinder eingerichtet, die hier auf ein Leben in der Wildnis vorbereitet werden. Auf einer nahegelegenen Plattform wird den bereits freigelassenen Menschenaffen regelmäßig Futter angeboten. Besucher können die Tiere hier in ihrem natürlichen Lebensraum gut beobachten. Leider sind Orang-Utans nicht nur intelligente und anpassungsfähige Wesen, sie können sich auch mit gefährlichen menschlichen Krankheiten wie Tuberkulose und Hepatitis infizieren, was ihre Auswilderung sehr schwierig macht. Die Station ist das populärste Touristenziel im Leuser-Ökosystem.

Auf Bergtour und im Regenwald

Die größte Wahrscheinlichkeit, einem wilden Orang-Utan zu begegnen, besteht in der Umgebung von Gurah. Eine schöne, zwei- bis dreistündige Wanderung führt zu den heißen Quellen von Gurah. Danach kann man sich mit einem Bad in dem von vulkanischer Tätigkeit erwärmten Fluß belohnen. Auf den Wegen rund um Gurah läßt sich ein Eindruck von der reichen Vogelwelt des Parks gewinnen. Zu den leicht identifizierbaren Arten gehören Smaragdbreitrachen (Smaragdracke), Bartsegler und die Bartstreif-Zweigtimalie mit ihrem auffälligen Ruf.

Im Nordwesten des Parks liegt Sumatras zweithöchster Berg, der Leuser. Der Aufstieg von Keudah zum

Lage: Ausgedehntes Areal in Nordsumatra.

Klima: Heiß und feucht; in höheren Lagen wesentlich kühler mit kalten Nächten.

Beste Reisezeit: Das ganze Jahr; Bukit Lawang ist an Wochenenden und Feiertagen überfüllt. Man benötigt 1 Woche, um zumindest die Hauptziele zu besuchen.

Anreise: Mit dem Flugzeug nach Medan oder Banda Aceh, von dort mit Privatwagen oder Bus weiter. Hauptorte: Bukit Lawang, Brastagi, Gurah, Takengon, Keudah, Tapaktuan.

Genehmigungen: Bei den örtlichen Nationalparkbüros. Fotokopie des Reisepasses bereithalten.

Ausrüstung: Leichte Kleidung, Wanderschuhe, Regenumhang, Sonnenhut, Fernglas, langärmelige Hemden, lange Hosen. Schutz gegen Mücken und Blutegel. Wärmere Kleidung für höhere Lagen.

Einrichtungen: Große Auswahl aller Kategorien in Bukit Lawang und Brastagi, ansonsten einfache Gästehäuser. Gute Führer in Gurah, Keudah und Tangkahan.

Fauna: Orang-Utans und ander Primaten sind in Bukit Lawang sehr wahrscheinlich, in Gurah alltäglich zu sehen. Elefanten und andere große Säuger am besten im Alas-Tal. Gute Möglichkeiten für Vogelbeobachtungen.

Aktivitäten: Regenwaldwanderungen von einigen Stunden bis zu mehreren Tagen in Gurah, Keudah, Tangkahan oder in den weniger gut organisierten Menggamat und Sikundur. Wildwasserfahrten auf den Flüssen Alas und Wampu. Bootsfahrten auf dem See Danau Laut Tawar (Takenkon). Elefantenritte in Brastagi.

Oben: *Der Orang-Utan ist ein Einzelgänger, aber die Jungen bleiben fünf bis sechs Jahre bei ihrer Mutter.*

Rechts: *Die freigelassenen Orang-Utangs aus der Station kommen regelmäßig zu ihren Futterplätzen, wo sie mit Milch und Bananen gefüttert werden.*

3455 m hohen Gipfel ist in Ermangelung jeglicher Zufahrtswege eine Expedition von 10–12 Tagen. Dagegen erreicht man den Gipfel des Kemiri in 3250 m Höhe schon am dritten Tag, wenn man nördlich von Ketambe die Straße verläßt; auf Bergführer und Träger sollte man keinesfalls verzichten. Die Tour macht eindrucksvoll sichtbar, wie sich beim Aufstieg mit fallenden Temperaturen der Regenwald verändert: Baumhöhen und Artenreichtum nehmen kontinuierlich ab. Über 1500 m sind die Bäume wegen der ständigen Feuchtigkeit durch Wolken und Nebel mit Moosen und Flechten bewachsen.

Auch auf kürzeren Wanderungen in der Gegend von Keudah kann man dem lebhaften, dunkelgrauen Thomas-Schlankaffen mit dem hellen Fellkranz ums Gesicht

begegnen. Nördlich von Keudah markiert der riesige See Laut Tawar die Nordgrenze des Ökosystems. Das 27 km lange Gewässer ist ruhig und unerschlossen und beheimatet eine endemische Elritzen-Art.

Am Alas-Fluß entlang

Der Alas-Fluß durchquert das Gebiet des Leuser-Ökosystems von Nordosten nach Südwesten. In seinem Tal liegen auch eine Straße und zahlreiche Dörfer. Diese Besiedlung brachte Waldrodung, Landwirtschaft und die Durchtrennung traditioneller Elefantenwege mit sich. Nun wird versucht, kahle Berghänge wieder aufzuforsten und die Dorfbevölkerung zur Zusammenarbeit bei der Walderhaltung zu gewinnen.

Oben: *Der Bohorok ist einer der vielen Flüsse der Wälder im Leusergebiet.*

Links: *Anders als die meisten Primaten springt der nachtaktive Plumplori nur selten, vielmehr begibt er sich langsam und bedächtig auf die Suche nach Insekten und saftigen Früchten.*

Rechts oben: *Das von der Ausrottung bedrohte Sumatra-Nashorn bevorzugt dichten Wald und begibt sich nur selten in offeneres Terrain.*

Rechts unten: *Touristen auf einer Wildwassertour auf dem Alas-Fluß nehmen eine erfrischende Dusche unter einem Wasserfall.*

Links unten: *Etliche Stromschnellen machen die Fahrt auf dem Alas-Fluß, der das Leuser-Ökosystem in der Mitte durchquert, zu einem spannenden Erlebnis.*

Auf Wanderungen im Park trifft man die dicht behaarten, langgliedrigen Siamangs bei ihrem morgendlichen Chorgesang an. Sie sind häufig in Familiengruppen unterwegs. Wie ein farbiger Blitz huscht zuweilen ein Storchschnabel (Guriang) oder ein Blauohrliest vorbei, während am Himmel gelegentlich ein Traueradler seine Kreise zieht. Sechs Arten von Nashornvögeln, deren schwarz-weißes Gefieder sich deutlich vom Tiefgrün des Urwalds abhebt, kommen hier vor. Die besten Stellen zur Vogelbeobachtung sind um die Wildwasser-Camps von Serakut und Soraya, auf schmalen Wegen, die auch von Elefanten benutzt werden.

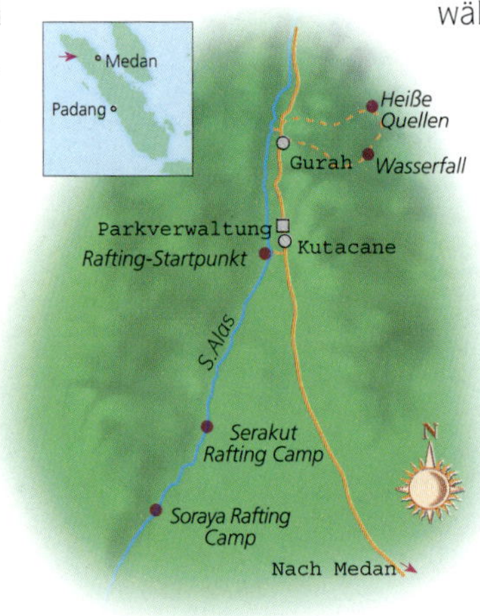

Die letzte Heimat des Sumatra-Nashorns

Zu den seltensten Bewohnern des Leuser-Ökosystems gehört das Sumatra-Nashorn – obwohl es hier noch häufiger vorkommt als irgendwo sonst. Nur noch einige hundert Tiere leben in freier Wildbahn. Das zweihörnige Sumatra-Nashorn ist die kleinste Rhinozerosart und wiegt nur etwa ein Fünftel des afrikanischen Breitmaulnashorns. Es lebt ausschließlich in dichten Tropenwäldern und wandert bis zu 15 km täglich. Wie alle anderen Arten auch ist es durch Wilderer bedroht, die es auf sein wertvolles Horn abgesehen haben. Da die Nachzucht in Gefangenschaft bislang nicht gelungen ist, liegt die einzige Chance zum Überleben der Art darin, ihren Lebensraum zu erhalten.

Zahlreiche Nashörner leben in der Kernzone des unter Naturschutz stehenden Teils des Leuser-Ökosystems, der für Touristen nicht zugänglich ist. Intakter Wald ist aber auch an der Westküste zu finden und reicht hier an vielen Stellen unmittelbar bis zum Strand. Ausgehend von Menggamat, südlich und landeinwärts von Tapaktuan gelegen, bieten sich zahlreiche Wandermöglichkeiten in den hügeligen

Wäldern, wo Wildtiere noch immer in Hülle und Fülle vorkommen.

Die schönsten Wanderungen

Im kühlen Hochland von Brastagi liegt der Berg Gunung Sinabung. Am besten ist er von dem kleinen See Lau Kawar aus zu erreichen, wo ein ganzes System von Wanderwegen angelegt wurde. Zwischen Medan und Brastagi liegt der Sibolangit-Tourismuswald, ein ehemaliger Botanischer Garten, der dem Besucher die Möglichkeit bietet, die Vegetation des Regenwaldes von bequemen, breiten Wegen aus zu erkunden. Nach Osten hin öffnet sich zudem ein hübscher Blick auf die Tieflandregionen. Eine reizvolle Zweitagestour führt von Brastagi nach Bukit Lawang über Pamah Simelir, wo es dorfeigene Gästehäuser gibt. Zwei schöne Plätze am Ostrand des Gebiets sind Tangkahan und Sikundur. An beiden Orten gibt es intakte Wälder mit vielen Vogelarten und typischen Wildtieren der Region, wie Weißhandgibbon, Malaienbär, Plumplori, Königsriesenhörnchen und – wenn auch wesentlich seltener – Nebelparder und Goldkatze.

Pulau Banyak Nature Reserve

Paradies der Schildkröten

Unbewohnte Inseln, märchenhaft weiße Sandstrände, Korallenriffe, primärer Regenwald und Wildreichtum machen die Banyak-Inseln vor der Westküste Nordsumatras zu einem tropischen Inselparadies wie im Bilderbuch. »Banyak« heißt »viel«, und es sollen insgesamt 99 Korallenatolle sein, die sich auf einer Fläche von 2120 km² verteilen. Die Riffe beherbergen eine artenreiche Unterwasserwelt, an den Stränden legen Schildkröten ihre Eier ab. Von der Forschung wurde der kleine Archipel als wichtigster Brutplatz im westlichen Indonesien für die Grüne Meeresschildkröte ausgewiesen – die geschmackloserweise auch als Suppenschildkröte bezeichnet wird. Eine private Stiftung betreibt hier ein Artenschutzprogramm. Obwohl die Inseln zur streng islamischen Provinz Aceh gehören, kommen Sonnenanbeter in Badekleidung ebenfalls auf ihre Kosten, denn hier ist die Atmosphäre etwas entspannter als auf dem Festland.

Links oben: *Früher wegen ihres Panzers gnadenlos gejagt, ist die Echte Karettschildkröte wieder häufiger anzutreffen.*

Ganz links unten: *Typisch für den Indischen Ozean sind die in Gruppen auftretenden Oriental Sweetlips.*

Gleich links unten: *Bedroht durch den Handel mit lebenden Zierfischen: die Napoleon Wrasse.*

Rechts oben: *Der Anemonenfisch lebt in Symbiose mit den mit giftigen Nesseln bewehrten Seeanemonen.*

Gepanzerte Riesen des Meeres

Meeresschildkröten nutzen viele der Inseln zur Eiablage, besonders aber die Strände der Insel Bangkaru. Auf ihren Wanderungen durch die Weltmeere legen sie gewaltige Entfernungen zurück, aber vermutlich kehren sie zur Eiablage genau an den Strand zurück, an dem sie selbst geschlüpft sind. Die beiden in Indonesien am häufigsten vorkommenden Schildkrötenarten sind die bereits erwähnte Grüne Meeresschildkröte und die Echte Karettschildkröte, die mit einer Länge von etwa 80 cm und einem Gewicht von nur 50 kg zu den kleinsten Meeresschildkröten zählt. Die größere Grüne Meeresschildkröte wird immerhin 1 Meter lang und 250 kg schwer. In fast jeder Nacht des Jahres kann man Exemplare beider Arten an den Stränden beobachten. Die stark gefährdete, mit ihren 1,80 m und 500 kg noch riesigere Lederschildkröte legt ihre Eier in den ersten Monaten des Jahres. Man vermutet, daß weibliche Schildkröten lebende Spermien mehrere Jahre lang in sich tragen und so große Mengen von Eiern befruchten können, ohne sich erneut auf die Suche nach einem Partner begeben zu müssen.

Ein nächtlicher Besuch am Strand von Amandangan auf der Insel Bangkaru ist ein unvergeßliches Erlebnis: Unter sternklarem Himmel schieben sich die dunklen Umrisse der großen Schildkröten langsam den Strand hoch, während sich das Rauschen der Wellen mit den Rufen nächtlicher Waldbewohner mischt. In den Morgenstunden krabbeln dann Hunderte von winzigen, geschlüpften Schildkröten eilig auf das Meer zu.

Lage: Inselgruppe 30 km vor der Küste von Südwest-Aceh, Sumatra.

Klima: Das ganze Jahr heiß und feucht mit angenehmer Brise. Regenzeit Juni–Dezember, am stärksten im September und Oktober.

Beste Reisezeit: Das ganze Jahr; allerdings ist der Bootsverkehr zwischen Juni und Dezember wegen Wind gelegentlich unterbrochen. Aufenthalt etwa 3–4 Tage.

Anreise: Mit dem Flugzeug nach Medan oder Banda Aceh, dann 10–12stündige Überlandfahrt bis Singkil. Von dort drei Fähren pro Woche. Das Schiff der »Pulau-Banyak-Stiftung« verkehrt einmal wöchentlich von Tapaktuan.

Genehmigungen: Nicht erforderlich. Am Strand der Schildkröten sind Touristen nur einmal wöchentlich zugelassen.

Ausrüstung: Leichte Kleidung, Sonnenschutz, Mückenschutz, Sandalen, Taucherbrille, Schnorchel. Vor Ort sind keine Taucherausrüstungen erhältlich.

Einrichtungen: Einfache Strandbungalows auf Palambak Besar und Ujung Batu, kleine Gästehäuser in Balai.

Fauna: Auf Bangkaru drei Arten von Meeresschildkröten. Unter Wasser Stachelrochen, Riesenmanta und Korallenfische. Die besten Schnorchel- und Tauchgebiete sind nördlich von Haloban und bei Palambak Kecil. Vögel der Küstenwälder sieht man überall, im Innern der größeren Inseln gibt es Wildschweine, Affen, Zwerghirsche und Schlangen.

Aktivitäten: Schildkröten- und Vogelbeobachtung, Schnorcheln, Bootsfahrten, Angeln, Dschungelwanderungen.

Am Strand von Amandangan (ganz oben) *schlüpfen jedes Jahr Tausende von Schildkrötenbabys* (gleich oben) *und machen sich auf ihren gefährlichen Weg zum Meer, wo sie den Rest ihres Lebens verbringen werden.*

Die Riffe von Banyak

Die besten Riffe zum Tauchen und Schnorcheln liegen nördlich von Haloban und am südlichen Ende von Palambak Kecil. Hier gibt es viele Korallenfischarten, so etwa Anemonenfische, Fledermausfische, den Blue-ringed Angelfish, die Napoleon Wrasse, den Oriental Sweetlip und große Zackenbarsche. Stachelrochen verstecken sich gerne im Sand; tritt man versehentlich auf sie, können sie schlimme Wunden verursachen. Einheimische Fischer sagen, daß auch die äußerst seltene Dugong oder Seekuh gelegentlich hier zu sehen ist.

In den Wäldern von Tuangku

Die größte Insel des Archipels ist mit 11 500 ha die Insel Tuangku. Über weite Strecken ist ihre Vegetation unberührt, mit ungewöhnlich großen Mangroven an der Ost- und Nordküste, intakter Küstenvegetation und Tiefland-Regenwald. Die höchste Erhebung der Insel ist der Gunung Tiusah mit 313 m. Auf der Insel gibt es zahlreiche Kalksteinhöhlen zu erforschen, darunter die Tropfsteinhöhle Goa Tambego, die vom Meer aus leicht zu erreichen ist, weiter eine Fledermaushöhle hinter Pasir Panjang und eine Höhle am nordwestlichen Ende von Pasir Panjang, wo Einheimische eßbare Schwalbennester für den Export sammeln. Im Innern der unwegsamen Insel sollen Schlangen, Wildschweine, Affen, Hörnchen und Zwerghirsche in großen Populationen leben. In den Mangrovengürteln begegnet man bisweilen noch dem mächtigen Leistenkrokodil, das bis zu 9 m lang werden kann. Leider sind Exemplare dieser Größe nach jahrhundertelanger Jagd durch den Menschen heute sehr selten geworden.

Rechts: *Entgegen ihrem Ruf und ihrer angsteinflößenden Größe sind Leistenkrokodile eher scheue Wesen.*

Küstenvögel wie Riffreiher, Regenbrachvogel, Rifftriel, Flußregenpfeifer und Flußuferläufer sind ebenso zu beobachten wie die beiden am häufigsten an indonesischen Küsten auftretenden Raubvögel, der Weißbauch-Seeadler und der Brahminenweih. In den Wäldern leben der Brown-throated Sunbird, die Frühlingstaube, der auf den Banyak-Inseln und auf Simeulue und Nias endemische Asian Glossy Starling, ein Glanzstar, sowie der ebenfalls hier endemische Rosenbrustsittich.

Siberut National Park

Wo sich Vergangenheit und Moderne treffen

Siberut ist die größte Insel der Mentawai-Inselkette, die parallel zur Westküste von Sumatra verläuft. Besonders interessant ist die Insel zum einen wegen ihrer endemischen Säugetiere und zum anderen wegen der Kultur der einheimischen Bevölkerung, die noch heute weitgehend ihren traditionellen Lebensstil beibehalten hat. Mitte der 1970-er Jahre wurde im Zentrum von Siberut ein kleines Schutzgebiet eingerichtet, das 1980 erweitert und im darauffolgenden Jahr von der UNESCO zum Biosphärenreservat erklärt wurde. Fortschreitende Abholzung in anderen Teilen der Insel sowie die Umwandlung größerer Flächen in Palmenplantagen zur Palmölherstellung rief internationale Kritik hervor, was 1993 die Erklärung zum Siberut National Park zur Folge hatte. Mit 190 000 ha umfaßt der Nationalpark fast die Hälfte der Inselfläche von 4030 km².

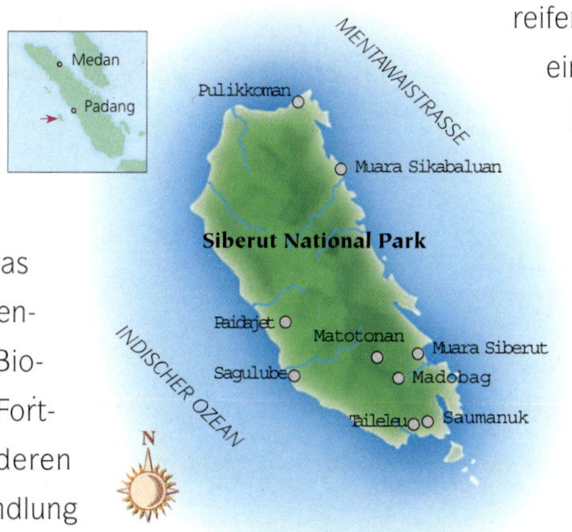

Endemische Primaten

Vor schätzungsweise 500 000 Jahren wurde Siberut vom Festland Sumatras getrennt, und es entwickelte sich eine große Anzahl endemischer Arten. Mehr als 80 Prozent der Säugetiere der Insel kommen ausschließlich hier vor, darunter fünf Hörnchenarten und vier Primaten: der Mentawai-Gibbon, der Stumpfnasenaffe, der Mentawai-Schlankaffe und der Mentawai-Makak. Wie alle Primaten spielen diese Affen eine wichtige Rolle bei der Regenerierung des Waldes, denn sie ernähren sich von Früchten, deren Samen sie ausspucken oder mit dem Kot ausscheiden, wodurch sie für die Verbreitung der Pflanzen sorgen. Ein gutes Beispiel für den unmittelbaren Zusammenhang zwischen dem Vorkommen einer Baumart und ihrem Verbreitungshelfer bilden die wilde Zuckerpalme und der Mentawai-Gibbon: In unreifem Zustand enthalten die Palmfrüchte einen chemischen Stoff, der beim Gibbon starke Schmerzen verursachen und ihn sogar töten kann; sind die Früchte jedoch reif, verschwindet dieser Stoff und die Früchte lassen sich gefahrlos verzehren.

Mit 3300 mm pro Jahr hat Siberut eine relativ hohe Niederschlagsrate. Im Inselinnern herrschen *Dipterokarpazeen,* wilde Fruchtbäume und Palmen vor, und im Ostteil der Insel ausgedehnte Süßwassersümpfe und Mangroven. Dem Besucher präsentieren sich diese verschiedenen Waldformen gleichermaßen undurchdringlich, zumal das Unterholz mit Rattanpalmen durchsetzt ist, die mit äußerst unangenehmen, widerhakenartigen Dornen bewaffnet sind. Die am häufigsten vorkommende Palme trägt ihren Namen *Oncosperma horridum* wegen der langen schwarzen Stacheln, die Stamm und Blätter schmücken.

Die Ostküste von Siberut ist stark zerklüftet mit vielen Buchten, Landzugen, kleinen Inseln und Korallenriffen. Dagegen verläuft die Westküste verhältnismäßig gerade und ist gesäumt von breiten Sandstränden und steilen Klippen. Das Land mit seinen zahlreichen Schluchten und steilen Hügeln ist schwierig zu durchqueren. Die Einwohner von Siberut folgen daher zumeist den Flußläufen, die sich langsam durch die Wälder winden. Im Nationalpark selbst gibt es keine touristische Infrastruktur, sondern nur eine Forschungsstation im Zentrum

Rechts oben: *Die Mentawai leben im Siberut National Park noch nach ihren Traditionen.*

Lage: Die größte der Mentawai-Inseln, 125 km vor der Westküste von Zentralsumatra.

Klima: Das ganze Jahr über heiß und sehr feucht mit viel Regen. Hauptregenzeit Juli–Januar.

Beste Reisezeit: Das ganze Jahr; zwischen Januar und Mai wegen stürmischer See häufig Unregelmäßigkeiten im Schiffsverkehr. Touren zwischen 7 und 10 Tagen.

Ausrüstung: Sehr gutes Schuhwerk; stellen Sie sich auf viel Schlamm ein! Leichte, langärmelige Kleidung, Regenkleidung, Abwehrmittel gegen Mücken und Blutegel, Schlafmatte, Baumwolllaken und Moskitonetz. Gute Kondition erforderlich!

Anreise: Mit dem Flugzeug oder über Land nach Padang (Westsumatra), von dort geht 1- bis 2mal wöchentlich ein Schiff nach Muara Siberut. Von Bukittinggi aus, einem beliebten Treffpunkt für Rucksacktouristen, werden viele Touren organisiert.

Genehmigungen: Im Nationalparkbüro auf Siberut. An Fotokopie des Reisepasses denken.

Einrichtungen: Kleine Gästehäuser in Muara Siberut und Maileppet, einfache Unterbringung im Park in der Forschungsstation Simabugai. Privat in den Langhäusern der Dorfbevölkerung.

Fauna: Endemische Primaten und Vögel, jedoch schwierig zu beobachten.

Aktivitäten: Schwierige Wanderungen durch den Regenwald und Besuche bei der Bevölkerung; dort kann man an Alltagstätigkeiten wie der Sago-Herstellung und der Jagd teilnehmen sowie bei Zeremonien zuschauen.

Ganz rechts: *Die traditionellen Jagdausflüge der Mentawai führen die Flußläufe entlang tief in den Regenwald hinein.*

Gleich rechts: *Der Mentawai-Gibbon, einer der vier endemischen Primaten der Insel, spielt eine wichtige Rolle bei der Verbreitung früchtetragender Bäume.*

Unten: *Zentrum der Mentawai-Dörfer bildet das Gemeinschaftshaus »uma« – hier spielt sich das soziale, politische und religiöse Leben ab.*

der Insel bei Simabugai, mit einfacher Übernachtungsmöglichkeit. Von hier aus führen mehrere Pfade durch den Wald. In diesem unberührten Regenwald sind alle endemischen Primaten und viele endemische Vogelarten anzutreffen. Es gibt zwölf Vogelarten, die sich deutlich von ihren Verwandten auf dem sumatranischen Festland unterscheiden und eine klassische, endemische Art, die Mentawai-Zwergohreule.

Ein Volk und seine überlieferte Kultur

Die überwiegende Mehrheit der Mentawai genannten, etwa 25 000 Bewohner von Siberut lebt über die Insel verstreut in kleinen Siedlungen. Viele von ihnen sind Christen oder Muslime geworden, aber der animistische Glaube, der die meisten Lebensbereiche durchdringt, ist in einigen Regionen noch stark ausgeprägt. Hier ist der Schamane eine mächtige Persönlichkeit. Seine Rituale begleiten die wichtigsten Etappen im Leben der Menschen; er kann beispielsweise Häuser von schädlichen Geistern reinigen, die ihre Bewohner krank machten.

Handwerkliche Techniken wie Weben, Töpfern und Eisenbearbeitung waren den Mentawai bis ins 20. Jh. hi-

Oben: *Ein Jäger bringt ein Wildschwein heim. Wild und Fisch,* Sago *und* Taro, *Bananen und anderes Obst gehören zu den wichtigsten Nahrungsmitteln.*

nein unbekannt. Ihr Leben hing unmittelbar von den natürlichen Ressourcen ihrer Umgebung ab. Hauptnahrung ist »sago«, ein Mehl, das aus dem Stamm der Sagopalme gewonnen wird, die in sumpfigen Tälern gedeiht. Doch etwa seit 1970 ist die Lebensform der Mentawai nachhaltigen Veränderungen ausgesetzt. So bemüht sich die Regierung, die Menschen aus ihren Langhäusern in Dörfer mit Standardhäusern umzusiedeln. Andere Neuerungen sind die Einführung von Reisanbau, Luftgewehren und Kettensägen, die die Jagd und die Ausbeutung des Waldes erheblich vereinfachen. Und die Einführung der Geldwirtschaft verleitet dazu, sich auf die zerstörerische Suche nach dem wertvollen Baumpilz »gaharu« zu machen oder Wald zu roden, um Nelkenbäume für die indonesische Kretek-Zigarettenindustrie anzupflanzen.

Einige der Dörfer im Süden der Insel, in denen die Menschen noch ihrer traditionellen Lebensweise folgen, sind relativ einfach zu erreichen. Generell sind die Mentawai gastfreundlich und offen, aber sie legen Wert darauf, daß ihre Kultur respektiert wird.

Oben: *Ihr Hauptnahrungsmittel, das Sagomehl, gewinnen die Mentawai aus dem Stamm der Sagopalme. Es wird in Behältern aus Sagoblättern abgefüllt.*

Unten: *Die Mentawai sind erfahrene Bootsbauer. Die Einweihung eines neuen Einbaums,* sampan *genannt, wird von einer Zeremonie begleitet.*

Oben: *Das Wissen über Heilpflanzen wird von einer Generation an die nächste weitergegeben.*

Rechts: *Zu den Riten der einheimischen animistischen Religion gehören Trancetänze und rituelle Geisterbeschwörungen.*

Kerinci Seblat National Park

Ein Kratersee zwischen sieben Gipfeln

Das Londoner Museum für Naturgeschichte präsentierte 1998 eine Ausstellung mit dem Titel »Mythen und Monster«, die sich der Erforschung solch legendärer Lebewesen wie Yeti, Zyklop und Einhorn widmete. Am meisten Glauben schenkte die Ausstellung Hinweisen auf den *Orang Pendek* – indonesisch für »kleiner Mensch« –, der nach Aussagen Einheimischer die dichten Wälder Westsumatras bewohnen soll. Stehen auch wissenschaftliche Beweise für die Existenz des *Orang Pendek* noch aus, so sind die Forscher doch sicher, daß es sich keineswegs um einen Mythos handelt. Das Wesen soll einem dunklen graubraunen Gibbon ähneln, allerdings wesentlich größer als dieser sein und häufig aufrecht gehen. Möglicherweise handelt es sich um einen engen Verwandten des Orang-Utan. Ob Besucher den scheuen *Orang Pendek* wohl je zu sehen bekommen? Immerhin ist die Vorstellung aufregend, er könnte in der Nähe sein.

Der 1,5 Mio. ha große Nationalpark Kerinci Seblat beherbergt bedeutende Populationen sumatranischer Wildtiere wie Nebelparder, Sumatra-Tiger, Goldkatze, Elefant, Sumatra-Nashorn, Tapir, Ungka, Malaienbär, Kerinci-Hase und Serau, eine wilde schwarze Ziegenart. Zwar leben viele Säuger sehr versteckt, aber dafür sieht man viel von der übrigen Fauna, etwa eine Reihe endemischer Vogelarten. Unter den mehr als 4000 Pflanzenarten wächst hier z.B. auch die größte Blume der Welt, die außergewöhnliche *Rafflesia*. Zudem befindet sich hier der höchstgelegene Süßwassersumpf Sumatras, der bewaldete Bento-See.

Gut getarnt durchs Revier

Der Tapir gehört mit einem Gewicht von bis zu 375 kg zu den größten Pflanzenfressern des Nationalparks. Die erwachsenen Tiere sind auffallend schwarz-weiß gefleckt, die Jungtiere kommen braun mit unregelmäßiger, weißlicher Zeichnung zur Welt, was ihren Körperumriß im Pflanzendickicht schwer erkennbar macht. Auch die Zeichnung der erwachsenen Tiere dient der Tarnung: Da Tapire nachtaktiv sind, löst sich ihre schwarz-weiße Silhouette im Wechselspiel von Mondlicht und Schatten förmlich auf. Mit seinem Rüssel sucht der Tapir in den von ihm bevorzugten Sumpfgebieten nach Wurzeln, Gräsern, Blättern und Zweigen.

Weit schwieriger als der Tapir ist der Nebelparder zu beobachten, dessen filigran gemustertes, braun-beiges Fell ihn zwar gut tarnt, aber auch zum gefragten Jagdobjekt macht. Die meiste Zeit verbringt er auf Bäumen, wo er Vögeln und Affen nachstellt. Sein langer, dicker

Ganz links oben: Rafflesia arnoldii, *die größte Blume der Welt, lockt mit Aasgeruch Fliegen zur Bestäubung an.*

Ganz links Mitte: *Der Malaienbär hinterläßt mit seinen langen Krallen tiefe Kratzspuren an Baumstämmen.*

Ganz links unten: *Der Blütenstengel der* Amorphophallus titanum *bricht nach einigen Tagen in sich zusammen.*

Gleich links: *Rauchende Vulkangipfel im Hintergrund üppiger Flachlandwälder mit ihrer artenreichen Natur.*

Ganz rechts oben: *In den Wäldern des Gunung Kerinci und Gunung Tujah häufig zu sehen: der Rotbüschel-Bartvogel.*

Lage: Acht Fahrtstunden südöstlich von Padang.

Klima: Heiß und feucht. Hauptregenzeit im Oktober bis Dezember sowie im April.

Beste Reisezeit: Das ganze Jahr. Tiger sieht man am ehesten von Februar–April. Juli–Oktober ist die beste Zeit für blühende *Rafflesia*. Mindestaufenthalt eine Woche.

Anreise: Von Padang nach Sungai Penuh in 6–8 Stunden.

Genehmigungen: Beim Nationalparkbüro in Sungai Penuh. Fotokopien des Reisepasses mitbringen!

Ausrüstung: Gute Wanderschuhe mit tiefem Profil, Sonnenhut, Regenumhang, warme Kleidung für Bergregionen, Fernglas, Taschenlampe, Kompaß für lange Wanderungen, Reiseapotheke. Achten Sie darauf, daß die Führer auf Wanderungen genug Nahrungsmittel mitnehmen und bringen Sie Zusatzproviant wie Erdnüsse und Schokolade mit.

Einrichtungen: Pensionen in Sungai Penuh, Muara Sako, Kersiktua (für Vogelbeobachtungen). Im Süden des Parks, von Bangko aus zu erreichen, gibt es eine hervorragende Dschungellodge. Übernachtungen sonst nur in Dörfern oder in Unterständen im Wald. Auf längeren Wanderungen sind Führer unabdingbar, weil man sich sehr leicht verirrt.

Fauna: Beste Möglichkeit in ganz Indonesien, Tapire und Schwarzhand-Gibbons zu sehen. Gute Chancen für Sumatra-Tiger, Malaienbären, Nebelparder und auf Sumatra endemische Vogelarten.

Aktivitäten: Vogelbeobachtungen, kürzere oder lange Berg- und Waldwanderungen.

Schwanz dient ihm zur Balance und Steuerung seiner weiten Sprünge. Zwei weitere, seltene und äußerst schwer zu beobachtende Jäger in Kerinci Seblat sind die Goldkatze und die Fische jagende Flachkopfkatze.

Im Schatten des Vulkans

Der Berg Gunung Tujuh – »tujuh« bedeutet »sieben« – trägt seinen Namen nicht umsonst: Weithin sind seine sieben Gipfel sichtbar. Es handelt sich um einen erloschenen Vulkan, in dessen Mitte sich ein Kratersee befindet. Mit einer Fläche von 11 km^2 auf 1905 m Höhe gelegen, ist er der höchstgelegene See dieser Größe in Südostasien. Er speist Sumatras längsten Fluß, den Batang Hari. Ein Bad in seinem klaren Wasser ist nach dem zwei- bis dreistündigen Aufstieg eine willkommene Erfrischung. In einer sehr schönen, 20 km langen Wanderung kann man den See umrunden. Übernachtungsmöglichkeiten gibt es bei Pondok Maliki und Batu Mesjid.

Die Umgebung des Sees eignet sich hervorragend zur Vogelbeobachtung. Man trifft hier den Rotbüschel-Bartvogel, dessen Ruf mehr Ähnlichkeit mit dem Klang einer Zikade hat als mit dem gewöhnlichen »trrk trrk« anderer Bartvögel, weiter den Bronzeschwanzfasan, der auf Sumatra endemisch und auf dem Waldboden schwer auszumachen ist. Die Gegend bietet auch beste Chancen, drei weitere endemische Vogelarten zu sehen, nämlich die 1988 wiederentdeckten Schneiderpitta, den Sumatran Cochoa und das Salvadori-Fasanhuhn. Das Geräusch brechender Äste deutet meist auf die Anwesenheit einer Gruppe der eleganten Roten Languren hin. 1997 wurde hier das seltene, endemische Sumatra-Kaninchen fotografiert, das seit 1937 nicht mehr gesichtet worden war.

Unterwegs zu Sumatras höchstem Gipfel

Ein populäres Reiseziel ist der Gunung Kerinci, der höchste Berg Indonesiens außerhalb von Irian Jaya. Eine zweitägige Rundwanderung beginnt im Dorf Kersituka und führt steil bergan – zunächst durch Wälder mit je nach Höhe ständig wechselnder Vegetation. Vom Gipfel hat man dann einen atemberaubenden Panoramablick über den rauchenden Krater des Gunung Kerinci, der zuletzt 1934 ausgebrochen ist, bis hinunter zum Meer.

Links oben: *Luftwurzeln und üppiger Bewuchs mit Epiphyten sind charakteristisch für Bergwälder.*

Links unten: *Ein Nebelparder – nachtaktiv und die meiste Zeit auf Bäumen, läßt er sich selten blicken.*

Vom kleinsten Bären der Welt und anderen Waldbewohnern

Ein weiterer Parkbewohner ist der Malaien- oder Sonnenbär, der kleinste Bär der Welt. Bis auf einen weißen Fleck auf der Brust ist er völlig schwarz. Er ist ein guter Kletterer mit seinen langen Klauen – und wie alle Bären ein großer Honigliebhaber. Nach Meinung der Einheimischen sind Malaienbären gefährlicher als Tiger, weil sie unberechenbar sind und man sie aufgrund ihres schwachen Seh- und Hörvermögens leicht überrascht.

Die Straße von Muara Sako nach Tapan wird häufig von Wildschweinen, Roten Languren und Schweinsaffen überquert; seltener trifft man auf Tiger, Bärenmarder (Binturong) oder den Indischen Sambar, auch Pferdehirsch genannt. Entlang dieser Straße sieht man auch viele für die Region typische Vogelarten.

Nach Süden hin öffnen sich herrliche Blicke auf den Park und den Berg Gunung Raya. Ein kurzer Spaziergang in der Nähe von Pelompek führt zu einem Wasserfall. Auf ausgedehnteren Wanderungen kann man in die unberührten Flachlandwälder des Sipurak-Tales südlich des Merangin-Flusses, nahe dem Gunung Tujuh, vorstoßen.

Oben: *Zwei Prachtexemplare des Sumatra-Tigers. Diese Art benötigt ausgedehnte Territorien, ihre Populationsdichte ist daher gering.*

Links Mitte: *Ein ausgewachsener Tapir; die auffallende Fellzeichnung dient nachts im Wechsel von Licht und Schatten als Tarnung.*

Links, unten: *Der Bärenmarder hat einen langen, dichtbehaarten Greifschwanz, mit dem er sich auf der Futtersuche an Ästen festhalten kann.*

Way Kambas National Park

Land der Elefanten

Way Kambas ist eines der ältesten Naturschutzgebiete Indonesiens; es wurde bereits 1924 eingerichtet, 1937 erweitert und schließlich 1982 zum Nationalpark erklärt. In grob dreieckiger Form liegt das 1300 km² große Gebiet im sumpfigen Tiefland der Ostküste von Lampung in Südsumatra. Obwohl der Wald in der Vergangenheit über weite Strecken abgeholzt wurde, ist der Park dennoch ein wichtiges Rückzugsgebiet für das Sumatra-Nashorn, den Sumatra-Tiger und die Weißflügel- oder Malaienente. Außerdem steht hier einer der letzten Tiefland-*Dipterokarpazeen*-Wälder Sumatras unter Schutz, und es gibt einige sehr gute Beispiele für torflosen Süßwasser-Sumpfwald. Die ausgedehnten Gezeitensümpfe und Mangroven an der Küste schließlich sind ein wichtiger Lebensraum für Zugvögel.

Die Elefantenschule

Mitte der 1980er Jahre wurde in Way Kambas ein Elefanten-Trainingsprogramm etabliert, um Probleme mit wilden Elefanten in den Griff zu bekommen. Durch die Waldvernichtung in weiten Gebieten Südsumatras, die der Gewinnung landwirtschaftlicher Nutzflächen diente, hatten die Elefanten ihren Lebensraum verloren. Für die Dorfbewohner der Region wurden sie zur Plage, weil sie Felder zertrampelten und sogar Häuser angriffen, und es häuften sich Proteste gegen das Verbot, mit Waffengewalt gegen die unter Naturschutz stehenden Dickhäuter vorzugehen. Daraufhin begann die Nationalparkleitung Mitte der 1980er Jahre, mit Hilfe zweier Elefantenführer und ihrer Elefanten aus Thailand, überzählige Tiere einzufangen und zu zähmen.

Links: *Das sumpfige Flachland ist ein idealer Lebensraum für die aus anderen Gebieten vertriebenen Elefanten.*

Rechts oben: *Der Mitred Leaf-Monkey lebt in Familiengruppen, bevorzugt in dichtem* Dipterokarpazeen-*Wald.*

Affenarten und kleinere Wildtiere

Frühere Abholzungen haben in Way Kambas offenen Sekundärwald und Grasland zurückgelassen; wilde Elefantenherden und andere Tiere sind hier relativ leicht zu beobachten. Der Weg vom Eingang des Parks zum Way-Kanan-Gästehaus ist zum Beispiel gut geeignet, um Wildschweine, Langschwanzmakaken und die selteneren, fester gebauten Schweinsaffen zu beobachten. In manchen Gegenden Sumatras werden Schweinsaffen darauf abgerichtet, auf Kokospalmen zu klettern und die Kokosnüsse hinunterzuwerfen. Zwei scheuere Arten, der Haubenlangur und der Rote Langur bevorzugen dichteren Wald und kommen selten auf den Boden hinunter. Das Malaien-Riesenhörnchen bringt seinen Unmut über vorbeigehende Störenfriede durch wütendes Gekreische zum Ausdruck. In den Morgenstunden vereinigen sich die melodischen Stimmen von Siamangs und Ungkas mit dem Gesang vieler Vogelarten zu einem unvergeßlichen Regenwaldkonzert.

Tapire und Tiger sollen in Way Kambas ebenfalls vorkommen, doch man sieht sie wesentlich seltener als kleinere Säugetiere wie den Großen Plumplori, drei Otternund vier Zibetkatzenarten. Auch das überwiegend nachtaktive Schuppentier oder Pangolin, das zwar im west-

Lage: An der Südostküste Sumatras in der Provinz Lampung.

Klima: Heiß und feucht. Weniger Regenfälle als in den Bergen von Sumatra, nur auf die Regenzeit von November bis März konzentriert.

Beste Reisezeit: Das ganze Jahr; der höhere Wasserstand während der Regenzeit bietet die Möglichkeit, die Sumpfgebiete in Kanus zu erkunden. Empfehlenswert ist ein Aufenthalt von 2–3 Tagen.

Anreise: Der Eingang zum Park ist in Tridatu, 2 Fahrstunden östlich von Bandar Lampung.

Genehmigungen: Erhältlich beim Nationalparkbüro am Parkeingang. Eventuell wird die Fotokopie des Reisepasses benötigt.

Ausrüstung: Leichte Kleidung für heißes und feuchtes Wetter, Turnschuhe oder Wandersandalen, Sonnenhut, Mückenschutzmittel, Fernglas.

Einrichtungen: An einem hübschen Platz am Fluß Way Kanan befindet sich ein einfaches Gästehaus. Essen, Trinkwasser und ein Laken als Decke mitbringen. Es gibt einige Wege für Tageswanderungen.

Fauna: Der Sekundärwald und das relativ offene Gelände von Way Kambas machen es mit etwas Glück und Geduld möglich, Elefanten, Schweinsaffen, Siamangs, Ungkas, Rote Languren, Haubenlanguren und viele kleinere Säugetiere zu sichten. Hervorragende Bedingungen für Vogelbeobachtungen.

Aktivitäten: Vogelbeobachtung, Kanufahrten auf dem Way Kanan, kurze Wanderungen, Elefantenritte (legen Sie Dauer und Route des Ritts vorher genau fest).

Oben: *Jahreszeitlich bedingte Süßwassersümpfe beherbergen eine reiche Flora und Fauna – so auch Bäume, die selbst über lange Perioden der Überflutung ihren Sauerstoffbedarf decken können.*

Rechts: *Dem insektenfressenden Kellenschnabel begegnet man am Waldrand, oft in der Nähe von Flüssen oder Wegen.*

ichen Indonesien weit verbreitet, dabei aber selten zu sehen ist, kommt hier vor: Dieser merkwürdige, 70–90 cm lange Ameisenfresser ist eigentlich ein Bodenbewohner, kann dank seines Greifschwanzes jedoch auch gut klettern.

Ein Paradies für Vogelbeobachter

Way Kambas ist unter Vogelkennern als der weltweit beste Ort bekannt, um den Höckerstorch und die äußerst seltene Weißflügel- oder Malaienente, die hier ihr Brutgebiet hat, zu beobachten. Noch 300 weitere Vogelarten sind hier heimisch, darunter der Goldwangen-Bartvogel und der Gelbscheitel-Bartvogel, mehrere Arten der farbenprächtigen Grüntaube sowie Raubvögel wie der Fledermaus-Gleitaar und der Black-Thighed Falconet.

Die Lichtung um das Gästehaus am Ufer des Way Kanan – »way« bedeutet Fluß – ist ein guter Platz, um Vögel in Ruhe beobachten zu können. Hier beginnt auch ein zwei Kilometer langer Beobachtungspfad, auf dem man häufig Fasane und Rebhühner antrifft, aber auch den Argusfasan, der durch seinen langen Schwanz und seinen durchdringenden »kuwow«-Ruf auffällt.

Wegen des flachen Geländes in Way Kambas – die höchste Erhebung ist lediglich 50 m ü.d.M. – gibt es keine schönen Rundblicke. Das typische, heiße Tieflandklima mit hoher Luftfeuchtigkeit macht jede körperliche Bewegung, die über das Anheben des Fernglases hinausgeht, zu einer schweißtreibenden Angelegenheit. Eine angenehme Alternative zu anstrengenden Fußmärschen sind daher Kanufahrten auf dem Way Kanan. Man kann sogar ein Motorboot mit Steuermann mieten, flußaufwärts fahren und sich dann ohne Motoreinsatz gemächlich flußabwärts treiben lassen. Auf beiden Seiten des Flusses erstreckt sich Sumpfwald. Hier sieht man den Blauohrliest und den größeren Storchschnabel oder Gurial in schnellem Flug ihre Territorien durchstreifen. Eine dreieckige Kräuselspur im Wasser, die den Fluß überquert, mag sich, vom Ufer aus betrachtet, als Bindenwaran entpuppen. Einige Baumarten haben sich dem Leben im

Links ganz oben: *In ruhigen Gewässern sieht man die seltene Weißflügel- oder Malaienente, die im Wald brütet.*

Links oben: *Ein Rotrückenfasan, der auf dem Waldboden nach Nahrung scharrt.*

Rechts oben: *Bei einer Bootsfahrt auf dem Fluß Way Kanan kann man den Park ganz entspannt erkunden.*

Rechts unten: *Überzählige Elefanten werden eingefangen und in einem Regierungsprojekt gezähmt und trainiert.*

Süßwassersumpf angepaßt: Durch große Poren können sie Sauerstoff aufnehmen, der dem häufig überfluteten Boden fehlt.

Die Sümpfe im Süden

Eine längere Tour von insgesamt 45 km führt den Way Kanan hinunter bis zu seinem Zusammenfluß mit dem Way Kambas und von dort bis zur Küste. Unterwegs wird das Wasser zunehmend brackiger, am Ufer stehen Nipa- und Schraubenpalmen. Schließlich beginnt der Mangrovensumpf. Das Sumpfland im Süden des Parks ist Heimat des Milchstorchs und des Malaienstorchs; daneben gibt es mehrere Reiherarten sowie Zimt- und Schwarzdommeln, Seeschwalben, Zwergglanzenten und Pfeifgänse. Die Gezeitensümpfe an der Küste sind ein wich-

Tanjung Puting National Park

Reich der Orang-Utans und Nasenaffen

Der Tanjung Puting National Park ist ein flacher Gebirgsausläufer von mehr als 300 000 km^2 Größe, der nach Süden in die Java-See ragt. Seine höchste Erhebung erreicht nur 30 m ü.d.M. Mehr als 600 Baumarten und 200 verschiedene Orchideen sind hier heimisch. 1982 zum Nationalpark erklärt, ist Tanjung Puting heute ein extrem wichtiges Rückzugsgebiet für Borneo-Wildtiere; seine größte Bekanntheit erhielt der Park durch die Orang-Utan-Station, die zugleich auch die Hauptattraktion für Besucher ist.

Hitze, Sümpfe und Schwarzwasserflüsse

Etwa ein Drittel der Vegetation von Tanjung Puting besteht aus tropischem Heidewald, dessen sandige, nährstoffarme Böden nur kleine oder mittelgroße Bäume wie die Schraubenpalme hervorbringen. Weitverbreitet sind verschiedene Arten von Epiphyten und Kannenpflanzen. Kannenpflanzen sind allgemein auf nährstoffarmen Böden zu finden; ein Teil des Blattes ist in Form einer Kanne oder eines Kelches ausgebildet und sondert dort eine süßlich riechende Flüssigkeit ab, die Insekten anlockt. Fliegen oder Käfer, die in den Kelch hineinfallen, werden von der Pflanze verdaut. So versorgt sie sich mit wichtigen Mineralien.

Die langen Blätter der Schraubenpalme *Pandanus furcatus* sind charakteristisch für ein anderes Habitat in Tanjung Puting: den Torfsumpf. Diesem häufig überfluteten Lebensraum haben sich viele Pflanzen angepaßt, indem sie Stelzen- oder Luftwurzeln entwickeln, mit deren Hilfe sie Sauerstoff direkt aus der Luft aufnehmen können.

,Hier, auf den Bäumen an den Ufern der Flüsse, übernachten die zweitgrößten Primaten des Parks, die Nasenaffen. Will man dieses Tier mit seiner Knollennase und dem dicken Bauch beschreiben, so lassen sich Vergleiche aus der Menschenwelt fast nicht vermeiden. Nasenaffen durchstreifen den Wald in Familiengruppen und ernähren sich von Blättern, Trieben und Früchten. Sie verständigen sich durch eine an kreischenden, brüllenden und ächzenden Lauten reiche Sprache. Im Natai-Lengkuas-Zentrum am nördlichen Zufluß des Sekonyer erforschen Wissenschaftler diese Primatenart.

Orang-Utans und andere Primaten

Das bekannte Camp Leakey hat wesentlich dazu beigetragen, Tanjung Puting zu einer Touristenattraktion zu machen. Hier werden aus menschlicher Gefangenschaft befreite Borneo-Orang-Utans auf ein Leben in Freiheit vorbereitet. Im Unterschied zu anderen Orang-Utan-Auswilderungszentren ist hier der physische Kontakt mit den

Links oben: *Ausgehend von Camp Leakey kann man den Park auf Bootsfahrten über den Sekonyer erkunden.*

Ganz links unten: *Ein Ungkaweibchen – in der Morgendämmerung ertönt ihr glucksender Ruf.*

Links unten Mitte: *Ein Farbklecks im Grün – die rosafarbigen Blattriebe der wilden Heidelbeere (*Vaccinium sp.*).*

Gleich links unten: *Besucher von Tanjung Puting können Orang-Utans aus nächster Nähe beobachten.*

Oben rechts: *Nasenaffen richten ihr Nachtlager auf hohen Bäumen am Flußufer ein.*

Lage: In Zentralkalimantan, 40 km östlich von Pangkalabun.

Klima: Heiß und feucht. Durchschnittliche Tagestemperaturen um 30 °C. Die Niederschlagsmenge von 2000–3000 mm verteilt sich recht gleichmäßig über das Jahr, etwas stärkere Regenfälle zwischen Oktober und April.

Beste Reisezeit: Das ganze Jahr; mögliche Einschränkungen der Aktivitäten während der nassen Monate. Die wichtigsten Tiere kann man in 2–3 Tagen sehen.

Ausrüstung: Keine besondere Ausrüstung notwendig. Leichte Kleidung für heißes Wetter, Turnschuhe oder Wandersandalen, Sonnen- und Mückenschutz, Fernglas, Badekleidung.

Anreise: Mit dem Flugzeug bis Pangkalanbun, weiter auf dem Landweg bis Kumai und mit dem Boot in den Park.

Genehmigungen: Wird vom Nationalparkbüro in Kumai ausgestellt; Fotokopie des Reisepasses erforderlich.

Einrichtungen: Am Flußufer im Park gibt es mehrere Gästehäuser, einige auch mit gehobenem Standard. Man kann Kanus für Flußfahrten mieten.

Fauna: Freigelassene Orang-Utans bei Camp Leakey und im Wald. Nasenaffen an den Flußufern, besonders am späten Nachmittag. Borneo-Vögel.

Aktivitäten: Die meisten Besucher kommen wegen der Orang-Utans; wilde Exemplare sind allerdings schwierig zu beobachten. Paddeltouren mit lohnenswerter Vogelbeobachtung vom Boot aus. Schwimmen im torfhaltigen Wasser.

Tieren nicht untersagt. Allerdings tragen die Fütterungen durch die Station und die Touristen dazu bei, daß viele Tiere ein bequemes Leben in der Nähe des Camps der aufwendigen Nahrungssuche im Wald vorziehen. Auch besteht dadurch die Gefahr, daß Krankheiten in die Wildpopulation eingeschleppt werden.

Weitere Primaten in Tanjung Puting sind der Haubenlangur, der auch auf Sumatra und Java lebt, und der auf Borneo endemische Maronenlangur, zugleich der am häufigsten vorkommende Schlankaffe Borneos. Der Ungka, eine von zwei Gibbonarten Borneos, ist hier ebenfalls heimisch. Sein Verbreitungsgebiet im Südosten der Insel wird von den Flüssen Kapuas im Norden und Barito im Osten begrenzt. Mit Langschwanzmakak, Schweinsaffe, Plumplori und Sundakoboldmaki leben hier insgesamt neun Primatenarten.

Nashornvögel und ein glückbringender Fisch

Generell ist die beste Methode der Vogelbeobachtung, sich langsam und leise durch den Wald zu bewegen. In

Oben: *Junge, aus der Gefangenschaft befreite Orang-Utans werden im Camp Leakey auf ein Leben in Freiheit vorbereitet.*

Rechts: *Seit Jahrhunderten schon sind Flüsse die Hauptverkehrswege im Tanjung-Puting-Gebiet.*

Unten: *Die Orchidee* Vanda hookeriana, *die am Ufer des Sekonyer wächst, eine von mehr als 200 Orchideenarten im Park.*

Kalimantan tut man dies am bequemsten, indem man mit einem Kanu auf einem der vielen Flüsse paddelt, die von alters her die Verkehrs- und Kommunikationswege bilden.

Zu den auffälligsten Vögeln im Park zählen die sechs hier heimischen Nashornvogelarten, darunter der Rhinozerosvogel und der Runzelhornvogel. Leicht zu erkennen sind der auf Sumatra seltene Malaienreiher, der Höckerstorch und der Malaienstorch – beide in kleinen Populationen – sowie die Wanderpfeifgans, der Götzenliest, der Hook-billed Bulbul, der Horsefield-Brillenvogel und der White-chested Babbler.

In den Flüssen von Tanjung Puting leben Bindenwarane, der Bornean Terrapin und der große, langsam schwimmende Arawana oder Dragon-Fish, der bei den Einheimischen als Glücksbringer gilt. Im Kumai-Fluß im Osten des Parks tummelt sich eine Gruppe der weißen Irawadi-Delphine, die sich lieber in Flußmündungen und Flüssen als im offenen Meer aufhalten. Auch Dugongs (Seekühe) findet man bei den Seegraswiesen in der Mündung des Kumai.

Links: *Arbeitsplätze im Park bieten einheimischen Familien neue Möglichkeiten, ihren Lebensunterhalt zu erwirtschaften.*

Oben: *In kleinen Gruppen sucht der laute und häufig vorkommende Kurzschopf-Hornvogel nach Nahrung.*

Rechts: *Das Sampan, aus einem ausgehöhlten Baumstamm hergestellt, ist traditionelles Transportmittel.*

JAVA UND BALI

Allein auf Java und Bali, zwei Inseln, die flächenmäßig kleiner sind als England und Wales zusammen, gibt es 200 Vulkane, von denen 20 noch aktiv sind. Nicht umsonst nehmen sie einen wichtigen Platz in Kultur und Mythen der ansässigen Bevölkerung ein, sorgen ihre Ausbrüche doch einerseits für verheerende Zerstörung, andererseits aber auch für Fruchtbarkeit. Eine der gewaltigsten Eruptionen war die des Krakatau im Jahre 1883, und auch im 20. Jh. gab es mehrere große Ausbrüche. Besonders erlebnisreich ist die Besteigung schlafender bzw. erloschener Vulkane. Ist die Kraterlandschaft mit ihren kahlen Hängen für sich schon beeindruckend, bietet sich dem Betrachter oben dann ein gewaltiges Panorama dar: Unter dem schwarzen Lavageröll breitet sich das üppige Grün der Wälder aus und geht schließlich in das tiefe Blau des Meeres über.

Biologisch betrachtet haben Java und Bali viele Gemeinsamkeiten mit Sumatra und Borneo. Während üppiger feuchter Regenwald die Vegetation in Westjava bestimmt, sind Ostjava und Bali von einem etwas trockeneren Monsunklima geprägt. Auf Bali zählt man 317, auf Java 473 Vogelarten, davon 28 endemische. Die Hälfte aller dort bekannten 137 Säugetierarten machen Fledermäuse aus; daneben finden sich einige sehr seltene Tiere wie das Java-Nashorn, der Java-Gibbon oder das Java-Warzenschwein. Bali dagegen zählt nur 35 Säugetierarten, darunter die an Straßen häufig zu beobachtenden Javaneraffen, Wildschweine, Sambahirsche (Rusa) und Muntjaks.

Zu den nachhaltigen Eindrücken gehört natürlich auch die hohe Bevölkerungsdichte: 120 Mio. Menschen auf Java, 3 Mio. auf Bali. Kaum verwunderlich, daß nur noch ein Zehntel der ursprünglichen Vegetationsdecke erhalten ist, trotz einer Vielzahl geschützter Gebiete. Diese Schutzzonen sind meist leicht zugänglich und bieten einen guten Einblick in die Flora und Fauna Indonesiens.

Ujung Kulon National Park

Heimat der letzten Java-Nashörner

Ujung Kulon ist die Heimat der letzten Population des vom Aussterben bedrohten Java-Nashorns, des seltensten Großsäugers der Erde. Der an der Westspitze Javas gelegene Nationalpark umfaßt etwa 76 000 ha Wald und Mangroven mit dazwischenliegenden Weidenflächen.

Das Java-Nashorn

Einst über weite Teile Asiens verbreitet, ist die Art inzwischen auf eine Gesamtpopulation von 50 Tieren in Ujung Kulon und einigen vereinzelten Exemplaren in den Wäldern Vietnams geschrumpft. Die Nashörner sind größtenteils Einzelgänger, die sich von Blättern und jungen Ästen ernähren und gelegentlich ihre Trinkstellen an der Küste aufsuchen, um Salze und Mineralien aufzunehmen. Da die Zusammensetzung der Population unbekannt ist, läßt sich die Zahl der Jungtiere und damit die Chance auf den Fortbestand der Art nur schwer einschätzen. Ganz selten nur erspähen Besucher ein Nashorn, öfter hingegen seine Hufabdrücke oder Losung.

Dafür können hier jedoch andere typische Vertreter der javanischen Tierwelt sehr gut beobachtet werden. So zum Beispiel auf der Insel Peucang, wo die Java-Hirsche mit ihrem lauten, pfeifenden Schnauben auf sich aufmerksam machen, Bindenwarane auf der Suche nach Futter auftauchen und Javaneraffen sich aus den Taschen der Touristen bedienen. An den Stränden sieht man Weißbauch-Seeadler und Riffreiher, die ihre Flügel zu einem dunklen Schirm formen und so besser ihre Beute unter der Meeresoberfläche sehen können.

Der herrliche, langgezogene Strand auf Peucang hebt sich strahlend weiß von den Pflanzen an der Küste ab. Hier wächst vor allem die Schraubenpalme, deren Blätter für das Flechten von Matten und Körben sowie als Speisewürze verwendet werden. Nachts gibt es am Strand unter günstigen Umständen ein besonders kurioses Phänomen zu beobachten: phosphoreszierendes Plankton, das aufleuchtet, sobald sich das Wasser bewegt.

Links: *Schilfpalmen am Cigenter-Fluß, in den frühen Morgenstunden ins Licht der aufgehenden Sonne getaucht.*

Oben rechts: *Der Fleckenmusang verschmäht als Allesfresser weder Blätter noch Schnecken.*

Seite 48: *Dichte Schwefelwolken umhüllen den Krater des Welerang im Osten Javas.*

Seite 49: *In bevölkerungsreichen, landwirtschaftlich genutzten Regionen finden Vögel in Bambuswäldchen Schutz.*

Auf den Weiden Javas

Eine typisch javanische Weidelandschaft: In der Nachmittagssonne weiden schlanke, braune Kühe, und Ährenträgerpfauen mit wundervollen, in Regenbogenfarben schillernden Brustfedern stolzieren auf den abgegrasten Wiesen herum. »Banteng« heißen die einheimischen Wildrinder Javas. Die männlichen Tiere, die bis zu 1,80 m Schulterhöhe erreichen, sind eine imposante Erscheinung, haben überwiegend schwarzes Fell, weiße Unterbeine und einen weißen Steiß. Die Kühe hingegen sind zierlicher, kastanienfarben und haben nach oben geschwungene Hörner. Das hübsche, rehähnliche Rind, das man oft auf Javas und Balis Feldern grasen oder bei

Lage: Am westlichen Zipfel von Java, eine halbe Tagesreise von Jakarta entfernt.

Klima: Heiß und feucht. Trockenzeit von April bis November, Regenzeit Dezember bis März.

Beste Reisezeit: Die Überfahrt mit dem Boot von Labuan ist in der Regenzeit oft zu stürmisch. Besser und billiger ist die Anreise auf dem Landweg über Taman Jaya. Ein Mindestaufenthalt von 2–3 Tagen ist zu empfehlen.

Anreise: Da es keine Fähren gibt, entweder mit einem Tourenboot von Jakarta aus oder zuerst auf dem Landweg nach Labuan und von dort aus weiter mit einem Charterboot, Überfahrt etwa sechs Stunden. Die Überlandfahrt von Labuan nach Taman Jaya dauert drei Stunden, von dort geht es weiter zu Fuß.

Genehmigungen: Werden in den Nationalparkbüros in Labuan und Taman Jaya erteilt.

Ausrüstung: Leichte Schuhe oder Sandalen für einfache Wanderungen, festes Schuhwerk für längere Touren. Badesachen, evtl. Schnorchelausrüstung, Fernglas. Mückenschutzmittel!

Einrichtungen: In Peucang Gästehaus mit Klimaanlage, einfachere Alternativen in Handeleum und Taman Jaya. Parkwächter bieten ihre Dienste als Führer an.

Fauna: Sehr selten bekommt man das Java-Nashorn zu Gesicht, öfter dagegen das Wildrind Banteng, Wildschweine und Sambahirsche (Rusa). Gute Möglichkeiten zur Vogelbeoachtung in Ciujungkulon und Cihandeleum.

Aktivitäten: Einführung in den Regenwald, Tierbeobachtungen, Wanderungen, Schnorcheln und Sonnenbaden.

Rechts: *Eine Herde Banteng auf ihrer Weide: Die männlichen Tiere sind schwarz, kastanienfarben die Kühe, beide haben weiße Fesseln und einen weißen Steiß.*

Oben links: *Die prächtige Türkis-Irene, meist in Gruppen auf den Baumspitzen zu sehen.*

Oben rechts: *Hautpflege im Schlammwasser – durch regelmäßiges Baden hält sich das vom Aussterben bedrohte Java-Nashorn gesund.*

der Arbeit sieht, stammt übrigens von diesen Wildrindern ab.

Ciujungkulon ist neben Cihandeleum an der Ostküste das größte Weidegebiet; es liegt auf der anderen Seite des schmalen Kanals zwischen der Insel Peucang und der Halbinsel von Ujung Kulon. Beide Gebiete eignen sich ideal zur Wildtierbeobachtung, insbesondere Vogelliebhaber finden lohnende Motive: Man kann hier den Malaienspint (Hinduspint) mit seinem typischen »Chilpchilp«-Ruf entdecken, die schwarzweiße Dajadrossel oder den Rußbülbül und Augenstreifbülbül. Seltener zeigen sich der Goldbrustbülbül und der scheue Rosenkopf-Breitrachen mit seinem wundervollen gelben und kastanienbraunen Federkleid, blauen Augen und türkisfarbenem Schnabel.

Eine Kanutour den Cigenter-Fluß hinauf, in der Nähe des Cihandelelum-Weidelandes, führt mitten in das unberührte Innere des Waldes. Hie und da sieht man einen Malaireiher auffliegen oder einen Gurial (Storchschnabel) kreisen – leicht zu erkennen an seinem markanten roten Schnabel und seiner Größe. Einer der ungewöhnlichsten und eindrucksvollsten Vögel ist jedoch der Fahlbauch-Paradiesschnäpper, der einen schwarzen Kopf und Kamm hat und mit langen weißen Schwanzfedern geschmückt ist. Die quer über dem Fluß liegenden Baumstämme dienen Affen und Leoparden als Brücken. Leoparden sind die größten Raubtiere im Ujung-Kulon-Nationalpark und die am häufigsten verbreiteten großen Raubkatzen in Westindonesien. Man wird sie jedoch kaum zu Gesicht bekommen, da sie Nachtjäger sind.

Rund um die Halbinsel

Die Halbinsel ist relativ klein und läßt sich im Laufe von ein paar Tagen sehr gut erkunden, zumal es genügend Wege und Pfade gibt. Auf einer schönen Tageswanderung gelangt man südlich von Peucang über die Halbinsel nach Cibunar an die Südküste. Auf dieser Route, die über einen sanften Hügelzug und durch mehrere Flußbetten führt, wird man von vielen Vogelstimmen begleitet, etwa vom charakteristisch hellen, melodiösen Zwitschern der Türkis-Irene. Verharrt man lange genug ganz still, wird man vielleicht mit einem Blick auf diesen leuchtend blau-schwarz gefiederten Vogel belohnt. Ganz anders nimmt sich das unüberhörbare, heisere Schnattern des Nashornvogels aus, der von den Baumkronen herab mögliche Eindringlinge in Augenschein nimmt. Verhält man sich im Wald sehr leise, kann man auch andere Tiere wie Kantschile sehen. Leoparden dagegen wittern augenblicklich die Gegenwart des Menschen und meiden deren Gesellschaft.

Anders als die geschützte Nordküste ist die Südküste der starken Brandung des Indischen Ozeans ausgesetzt. Eindrucksvoll sind die schwarzen vulkanischen Felsblöcke, die allmählich von den Gewalten des Meeres immer stärker ausgewaschen werden. Bei einem der großartigen Sonnenuntergänge in dieser Umgebung fällt es schwer zu glauben, immer noch auf der dicht bevölkerten Insel Java zu sein.

Oben: *Felsen und Schraubenpalmen säumen den Sandstrand von Cibunar.*

Oben: *Mit Hilfe seiner Schwimmhäute segelt dieser Frosch geschickt von Baum zu Baum.*

Krakatau

Javas Westinseln

Unweit von der Westküste Javas liegt Krakatau (oder Krakatoa). Berühmt geworden ist die Insel durch den Vulkanausbruch von 1883, der als eine der schlimmsten Naturkatastrophen der Geschichte gilt. Immerhin waren die technischen Möglichkeiten damals schon so weit fortgeschritten, daß die Eruption und ihre Auswirkungen recht gut dokumentiert werden konnten.

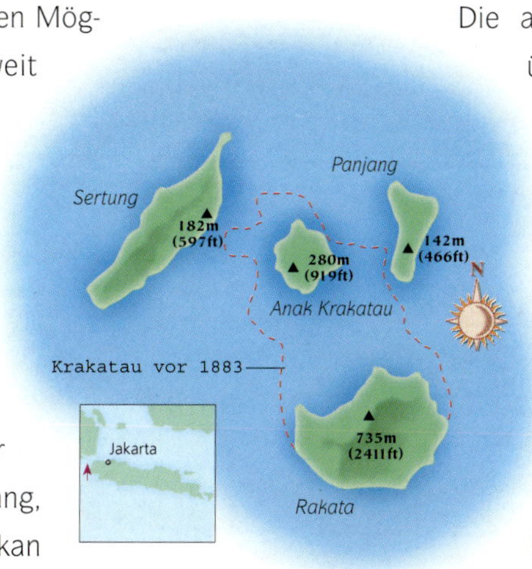

Der Tag, an dem die Erde aufriß

Bis zum Sommer 1883 war Krakatau eine einzelne, von üppiger Vegetation bedeckte Insel, 9 km lang, 5 km breit und 822 m hoch. Ihr Vulkan galt als erloschen – bis im Mai jenes Jahres der Berg erstmals wieder unruhig wurde. In den folgenden Monaten nahm die vulkanische Aktivität immer mehr zu und gipfelte schließlich am 26. und 27. August in zwei gewaltigen Eruptionen: Die erste Explosion schleuderte 20 Kubikkilometer Gesteinsmaterial in die Atmosphäre und riß eine klaffende, glühend rote Öffnung in den Meeresboden. Infolge des dabei verursachten Soges schoß das Meereswasser ungehindert in den Krater, was zu einer zweiten, noch gewaltigeren Explosion führte, die man noch im 4000 km entfernten Brisbane hören konnte. Die anschließende verheerende Flutwelle überspülte die Küsten der benachbarten Inseln und kostete 36 000 Menschen das Leben. Erst nach Tausenden von Kilometern verlor sie ihre Kraft. Nach den Ausbrüchen erhob sich eine mächtige Aschenwolke bis in 40 km Höhe und verstreute vulkanische Partikel über ein riesiges Gebiet. Durch die Verdunkelung senkte sich im folgenden Jahr die Durchschnittstemperatur auf der Erde um 0,25° C. Über drei Jahre hinweg kam es dadurch zu spektakulären Sonnenuntergängen.

Obwohl damals auch viele wildlebende Tiere umkamen, gab es doch einen positiven Nebeneffekt: das Überleben der vom Aussterben bedrohten Java-Nashörner. Während alle menschlichen Siedlungen auf der Halbinsel Opfer von Flut und Aschenregen wurden, fanden die Tiere, die noch bis 1934 auf ganz Java gejagt wurden, hier Schutz vor Verfolgung. Ihre letzte Population ist im heutigen Gebiet des Nationalparks Ujung Kulon beheimatet.

Links oben: *Feuer und Lava – der Ausbruch des Anak Krakatau.*

Ganz links unten: *Kasuarinen, ein Hartholzgewächs an den Hängen des Anak Krakatau.*

Links unten Mitte: *Der Halsbandliest – ein anpassungsfähiger Vogel und einer der lautesten Einwohner Krakataus.*

Gleich links unten: *Wandern durch Lavageröll auf den Hängen des Anak Krakatau.*

Ganz rechts oben: *Der Weißbauch-Seeadler ist ein guter Taucher.*

Das Kind des Krakatau

Im Jahre 1930 kam es zu einer Wiederbelebung der vulkanischen Aktivität, in deren Verlauf sich an der Stelle des ehemaligen Kraters eine neue Insel aus dem Wasser erhob. Sie wurde Anak Krakatau, »Kind des Krakatau« genannt, und erreichte bis zu den 1990er Jahren des 20. Jh. eine Höhe von 175 m. Zusammen mit den drei Restinseln des alten Krakatau bildet die neue, ve-

Lage: Vier kleine Inseln zwischen Java und Sumatra.

Klima: Extrem heiß, wenig Schatten. Regensaison von Dezember bis März.

Beste Reisezeit: In der Trockenzeit, da während der Regenzeit die Überfahrt sehr stürmisch werden kann. Da der Vulkan noch aktiv ist und Touristen dort ums Leben kamen, sollte man auf die Warnungen achten. Die Inselbesichtigung dauert etwa 3–4 Stunden.

Anreise: Mit einem Charterboot von Jakarta oder dem 2–3 Stunden entfernt liegenden Carita aus übersetzen. Keine Fähren.

Genehmigungen: Krakatau fällt unter die administrative Zuständigkeit des Nationalparks Ujung Kulon. Das Büro in Labuan erteilt Genehmigungen, die aber nicht immer verlangt werden. Gruppenreisende erhalten die Genehmigung über ihren Veranstalter.

Ausrüstung: Unerläßlich sind Sonnenschutz mit hohem Lichtschutzfaktor, robuste Kleidung und festes Schuhwerk, am besten Wanderschuhe. Schwimmzeug, Schnorchel- bzw. Tauchausrüstung für die Erkundung der Unterwasserwelt rund um Krakatau.

Einrichtungen: Keine auf den Inseln selbst. Eine Reihe von Unterkunftsmöglichkeiten unterschiedlicher Standards gibt es auf dem Festland im Strandort Carita.

Fauna: Interessant ist die Pflanzen- und Insektenwelt, die sich an den früher nackten Hügeln der Insel Anak Krakatau bildet. Anak entstand bei einem Vulkanausbruch. Einige Küstenvögel.

Aktivitäten: Vulkanwanderung und Schwimmen.

Rechts: *Die bewaldeten Hügel der Insel Rakata, die ursprünglich einen Teil des Vulkans Krakatau bildete.*

getationslose Insel ein faszinierendes Freiluftlabor für Wissenschaftler, die die Neuansiedlung von pflanzlichen Organismen in vulkanischen Gebieten untersuchen. Die Lava hatte die ursprüngliche Pflanzendecke mit einer bis zu 30 m hohen Schicht bedeckt. Bereits im Jahre 1897, 14 Jahre nach dem Ausbruch, wurden bei einer botanischen Exkursion auf den Inseln knapp 70 neu angesiedelte Pflanzenarten gefunden. Vor allem Farne, die zu den Pionierpflanzen zählen, wachsen als erstes nach vulkanischen Eruptionen. Denn sie können sich leicht durch Sporen verbreiten und gedeihen auch auf mineralienarmen Böden. Die auf den Inseln vorkommenden Pflanzen und Tiere müssen mit Wind, Meeresstrom oder mit Vögeln über die 44 km lange Wasserstraße zwischen dem Festland und der Inselgruppe gelangt sein.

Über 400 Pflanzenarten gedeihen heute auf den Inseln, und es ist zu hoffen, daß sich die Vegetation in einen primären Mischwald, ähnlich wie in Java und Sumatra, entwickeln wird. Obwohl die Frühphasen neuen Pflanzenlebens auf den vier einzelnen Inseln vergleichbar waren, hat doch vor allem der Zufall über die Unterschiede der Vegetation entschieden. Natürlich spielten bei der Ausbreitung einzelner Pflanzen auch die unterschiedlich starke Bestäubung eine Rolle. Tausende Arten von Gliederfüßern, darunter 54 Schmetterling-, über 30 Vogel-, 17 Fledermaus- und 9 Reptilienarten leben hier.

Unten: *Auf Anak Krakatau: junge Vegetation, die durch Sporenverbreitung mit Hilfe von Wind und Wasser entstanden ist, säumt den schwarzen Lavasandstrand.*

Ein Besuch des Vulkans

Von Ujung Kulon aus organisierte Touren führen meist zur Insel Anak Krakatau, die auch leicht von einigen Orten an der Westküste Javas erreichbar ist. Vom schwarzen Sandstrand aus geht es auf steilen Hängen über Lavageröll zum Gipfel; das erste Stück bietet einen reizvollen Ausblick auf die karge Landschaft. Auf Tauchtouren kann man die zerklüftete Lavalandschaft sogar unter Wasser erkunden. Krakatau, dies zum Abschluß, ist immer noch ein sehr aktiver Vulkan. Auf Warnhinweise der lokalen Behörden ist daher unbedingt zu achten.

Pulau Dua Nature Reserve

Die wandernde Insel

Das indonesische Wort für »Insel« lautet »pulau« – doch ist das 30 Hektar große Naturschutzgebiet Pulau Dua seit etwa 30 Jahren keine Insel mehr. Die auf beiden Seiten der Meeresenge zwischen der einstigen Insel und dem Festland liegenden Mangrovensümpfe haben im Lauf der Zeit durch Versandung und Verschlammung eine Landbrücke gebildet – was einheimische Bootsbesitzer aus der nahegelegenen Stadt Banten jedoch nicht daran hindert, ahnungslose Touristen für viel Geld in ihren Booten zur »Insel« zu befördern. Man erreicht die Halbinsel vom Festland aus in einem bequemen Spaziergang, vorbei an Deichen und Garnelenbecken.

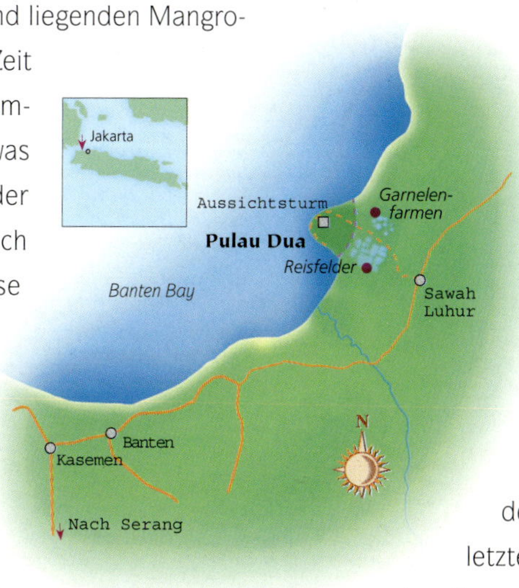

Pulau Dua ist eine wichtige Nist- und Brutstätte für große Wasservögelkolonien. Leider sind viele Abschnitte der javanischen Nordküste ihrer Mangrovengürtel beraubt worden, meist für die Garnelenzucht. Diese bringt zwar kurzfristig hohe Gewinne ein, entzieht jedoch auf Dauer der Fischerei, die einst Millionen von Menschen ernährte, die Grundlage. Pulau Dua vermittelt eine Vorstellung, wie weite Küstenstriche vor dem Eingriff durch den Menschen ausgesehen haben mögen. Bereits 1937, als sich seine spätere Bedeutung für die Küstenlandschaft abzuzeichnen begann, wurde Pulau Dua zum geschützten Gebiet erklärt.

Reiher, Silberreiher und Kormorane

In Pulau Dua wurden Brutkolonien von elf Vogelarten registriert. Allerdings haben einige von ihnen wie der Milchstorch ihre Nistplätze nach Pulau Rambut, weiter westlich an der Küste verlegt. Zu den am häufigsten vorkommenden Arten gehören der Kuhreiher, der Seidenreiher und der Prachtreiher. Diese drei Arten bereichern das Landschaftsbild in den Reisfeldern, wo es immer Futter gibt: Insekten, kleine Fische und Frösche. Aus der Entfernung lassen sie sich nicht immer genau unterscheiden, insbesondere im Flug, wenn etwa der an der Oberseite braun und schwarz gefiederte Prachtreiher nur das Weiß seiner Flügel und Unterseite zeigt. Der Kuhreiher und der Seidenreiher haben weiße Federn, letzterer hat einen schwarzen Schnabel im Gegensatz zu dem gelben des Prachtreihers, bewegt sich schneller, unruhiger und geht lieber allein auf Futtersuche. Seltener begegnet man im Schutzgebiet zwei anderen größeren Reiherarten, dem Weißen Reiher und dem Großen Weißen Reiher.

Häufiger sieht man da schon Kormorane und den Schlangenhalsvogel, der wegen seines langen, gewundenen Halses so genannt wird. In Farbe und Gestalt sieht der Schlangenhalsvogel den Kormoranen ähnlich, doch ist er größer und neigt zum Einzelgängertum. Beide tauchen auf Fischfang unter Wasser und machen es sich gerne auf Ästen bequem, wobei sie ihre Flügel zum Trocknen weit aufspannen. Eine andere Art ist der seltener in Erscheinung tretende Nachtreiher. Er baut sich sein Nest mitten in Baumkronen und Büschen, um sich so vor der Sonnenhitze zu schützen. Schaut man genauer in dichtes Geäst, kann man diese mittelgroßen Vögel dort oft kauern sehen und ihr schönes, schwarz, grau und weiß gezeichnetes Federkleid bewundern.

Ganz oben rechts: *Die Jungen des Nachtreihers sind, anders als ihre Eltern, durch ihre Färbung gut getarnt .*

Lage: An der Nordküste Javas, ca. 70 km westlich von Jakarta.

Klima: Feuchtheiß, Tagestemperaturen mitunter über 30 °C. Die niederschlagsreichsten Monate sind Dezember bis April.

Beste Reisezeit: Das ganze Jahr über. Auch als Tagesbesuch möglich. Da die Vögel in den frühen Morgenstunden am aktivsten sind, empfiehlt sich eine Übernachtung in Serang, um noch vor Anbruch der Morgendämmerung vor Ort zu sein.

Anreise: Mit dem Flugzeug nach Jakarta, von dort in 1–2 Stunden Fahrt nach Serang. Nach weiteren 15 km erreicht man das kleine Dorf Sawah Luhur, von wo aus es zu Fuß durch Reisfelder, Mangroven und vorbei an Fischteichen zum Naturschutzgebiet geht.

Genehmigungen: Keine erforderlich.

Ausrüstung: Sonnen- und Mückenschutz, Sandalen, Turnschuhe und Fernglas.

Einrichtungen: Ein kleines Wegenetz und ein Aussichtsturm schaffen gute Voraussetzungen, um die Nistplätze der Vögel beobachten zu können. Einfache Schlafplätze im Verwaltungsgebäude des Parks, für Schlafausrüstung, Verpflegung und Wasser ist selbst zu sorgen. Kleine Hotels in Serang.

Fauna: Idealer Ort, um große, nistende Reiher, Silberreiher und andere Küstenvögel zu beobachten. Pulau Dua gehört zu den wenigen Gegenden, wo man relativ leicht die Fischkatze, eine kleine Raubkatze, zu sehen bekommt.

Aktivitäten: Vorrangig Vogelbeobachtungen.

Etwa 40 andere Vogelarten sind in Pulau Dua gesichtet worden; auf dem Weg zum Schutzgebiet und zurück, vor allem in der Morgendämmerung, wird man sogar noch einige andere entdecken: an den Stränden Regenbrachvögel, Strandläufer und Rifftriel, die im Sand nach Weichtieren und anderen Leckerbissen suchen, oder auch den weißbraunen Brahminenweih.

Die Fischkatze

Einen Höhepunkt verspricht die im Naturschutzgebiet in großer Zahl vorkommende Fischkatze – vorausgesetzt, sie zeigt sich dem Besucher auch. Das Raubtier ist vergleichsweise groß und hat ein hellbraunes, dunkel gepunktetes Fell. Wie der Name schon sagt, ernährt sie sich von Fischen, die sie im Flußbett oder an den Flußmündungen jagt. Blitzschnell schlägt sie mit ihrer Pfote nach der Beute im Wasser und schleudert sie hinaus. Auch Schalentiere, Vögel und kleine Säugetiere gehören zu ihrer Nahrung. 1989 fand eine Touristengruppe in der Bucht nahe des Hauptweges zum Schutzgebiet eine zappelnde Fischkatze, die mit dem Kopf in einer alten Blechbüchse feststeckte. Es gelang dem örtlichen Führer, die Katze zu befreien, nicht ohne sich jedoch bei der Prozedur ein paar schmerzhafte Schrammen zuzuziehen.

Oben: *Silberreiher besitzen während der Brutzeit feine, lange Federn.*

Unten: *Zur Nahrung der Reiher gehören Fische, Krusten- und Weichtiere, Insekten, manchmal sogar Vögel und kleinere Säugetiere.*

Oben: *Der Purpurreiher ist ein Einzelgänger, der Fische und Frösche in Seen, Sümpfen und Reisfeldern jagt.*

Rechts: *Der Aussichtsturm von Pulau Dua – ein ausgezeichneter Platz für Vogelbeobachtungen.*

Links: *Die scheue Fischkatze ist ein geschickter Jäger, die ihre Beute pfeilschnell aus dem Wasser holt.*

Gunung Halimun National Park

Unberührter Regenwald

Gunung Halimun ist einer der jüngsten Nationalparks Javas. Hier befindet sich das von Jakarta aus am leichtesten erreichbare und am besten erhaltene Regenwaldgebiet: mit großen Primärwaldflächen, einer sagenumwobenen bergigen Landschaft, mächtigen Wasserfällen, heißen Quellen und reißenden Gebirgsflüssen. Wegen seiner Bedeutung als Wasserscheide-Gebiet und Biotop wurde Gunung Halimun 1988 zunächst zum Naturschutzgebiet, vier Jahre später zum Nationalpark erklärt. Im Park, der auf Höhen zwischen 500 und 1929 m liegt – so hoch ist die Spitze des Berges Gunung Halimun –, werden Niederschlagsmengen bis zu 6000 mm im Jahr gemessen. Zur Erhaltung des Waldes hat das Management der Teeplantagen im Inneren des Gebietes beigetragen, viel mehr jedoch noch verschiedene private Organisationen, Hilfsprogramme und Firmen, die seit Mitte der 1990er Jahre einen von der Dorfgemeinschaft betriebenen Ökotourismus fördern, um Einheimische am Einkommen aus touristischen Dienstleistungen zu beteiligen.

Pflanzen in luftiger Höhe

Über die üppige Vegetation des tropischen Regenwaldes in Gunung Halimun staunen nicht nur Besucher, die ihn das erste Mal betreten. Hier kann man die klassische Regenwaldflora mit ihrer Schichtung wie im Lehrbuch studieren. Regenwaldpflanzen wachsen an den unterschiedlichsten Standorten. Die Stämme und oberen Äste der größeren Bäume sind von anderen Pflanzen, sog. Epiphyten überwuchert, u.a. auch von Orchideen und Asplenium-Farnen. Viele der Epiphyten haben herabhängende, knollig verdickte Wurzeln, mit denen sie Wasser speichern. Die meisten Pflanzen leben so mit einer Wirtspflanze in Symbiose und versorgen diese weit oberhalb des Waldbodens mit Nährstoffen. Manchmal wird das Gewicht des Epiphyten so groß, daß ein älterer Baum, gerade bei entsprechenden Windverhältnissen, unter ihm zusammenbrechen kann. Die dabei entstehende Lücke in der Baumkronendecke ermöglicht einen Lichteinfall bis in die unteren Zonen des Waldes – und bietet damit den Sämlingen bessere Wachstumsbedingungen. Einige Pflanzen leben aber auch mit Ameisen in Symbiose, die dem wabenähnlichen Stiel der Pflanze Nährstoffe zuführen und dafür Schutz darin finden.

In allen Stadien ihres Lebenszyklus findet man die überall wuchernde Würgerfeige, die an einer Wirtspflanze wächst und diese am Ende zerstört. Hervorgegangen aus einem kleinen, in Tierexkremente gefallenen Samen, entwickeln sich schnell rötliche Ranken, die auf der Suche nach Nährstoffen und Wasser zur Erde hinunterwachsen. Dort einmal verwurzelt, schießen die nachwachsenden Sprößlinge zum Licht empor. Um den Stamm des Wirtsbaumes herum entwickelt die Feige ein Netz von immer dickeren verholzten Wurzeln und Seitenstämmen und nimmt dem Wirt mit ihrer immer dichter werdenden Krone das Licht. In der Folge stirbt

Links: *Von Bergflüssen bewässerte Reisfelder bestimmen das Landschaftsbild in Westjava.*

Ganz oben rechts: *Colugos (Gleitflieger) gleiten von Baumstamm zu Baumstamm durch den Regenwald.*

Lage: In den Bergen Westjavas, ca. 80 km südwestlich von Jakarta.

Klima: Das ganze Jahr über feuchtheiß, nachts kann es abkühlen. Niederschläge sind jeden Monat möglich, am häufigsten von Dezember bis März.

Beste Reisezeit: Das ganze Jahr hindurch. Ein Besuch des Gunung Halimun im Rahmen eines Tagesausflugs ist nicht möglich; drei Tage sollte man einkalkulieren.

Anreise: Von Jakarta 3–5 Stunden mit dem Pkw über die Mautstraße nach Ciawi. Von dort nach Cigudeg (nördliche Parkzufahrt), Parang Kuda (östliche Zufahrt) oder Pelabuhan Ratu (südliche Zufahrt).

Genehmigungen: Werden von den Nationalparkbüros vor Ort erteilt; Paßkopien sollten sicherheitshalber mitgeführt werden.

Ausrüstung: Leichte Kleidung für tagsüber, eine warme Jacke für abends, Plastikbeutel zum Schutz der Kleidung vor Feuchtigkeit, Regenschutz, Sportschuhe, Fernglas.

Einrichtungen: Es gibt mehrere lokal bewirtschaftete, einfache Ökobungalows mit angenehmer Atmosphäre, sowie einheimische Führer. Grundnahrungsmittel sind vorhanden. Umweltverträglicher Tourismus wird gerade als neue Einnahmequelle entdeckt.

Fauna: Javanische Vögel inkl. endemischer Arten, Java-Gibbons, Hörnchen, Waldkatze (die kleinste Wildkatze) und – mit Glück – Leoparden.

Aktivitäten: Für Vogelbeobachtungen ideal; Wanderungen, Regenwaldexkursionen, Waldcamping, Mountainbiketouren, einheimische Volkskultur.

der Wirtsbaum ab, während die Würgerfeige nun dank ihrer inzwischen genügend starken Stämme »auf eigenen Beinen« stehen kann. Wird die Entwicklung der sich über die Jahre neu bildenden Luftwurzeln nicht gestört, kann die Feige einen Durchmesser von 30–40 m erreichen.

Feigenbäume gelten als die einzig bedeutende Nahrungsquelle für die früchtefressenden Tiere des Regenwaldes, denn selbst Exemplare ein und derselben Art tragen zu unterschiedlichen Zeiten des Jahres Früchte und stellen somit reichlich Nahrung zur Verfügung.

Die Vogelwelt in Halimun

Die zu den Teeplantagen führenden Straßen machen einige für Vogelbeobachtungen geeignete Gebiete sehr gut zugänglich. Die Habitate hier sind noch vergleichsweise ungestört, so daß viele Vögel der ursprünglichen

Oben: *Gunung Halimun ist ein wichtiges Habitat von Indonesiens Nationalvogel, dem Bartelsadler.*

Rechts: *Dichter tropischer Regenwald – die charakteristische Vegetationsform des Gunung Halimun.*

Oben: *Der Ruf des Java-Gibbons verleiht dem Chor der Tierstimmen in der Morgendämmerung eine besondere Note.*

Fauna Javas gute Bedingungen zum Überleben haben. Von den 203 im Park registrierten Arten sind 40 endemisch, u.a. der Bartelsadler, der Braunkehlbartvogel, der Javabartvogel, der Weißnackenbartvogel und der Javanektarvogel. Manchmal stößt man auf große Schwärme unterschiedlicher Arten, die im Schutz der Gruppe zusammen durch den Wald jagen. Zu den farbenprächtigen Arten gehören der Temmincknektarvogel, der Purpurmistelfresser und der Blauflügel-Blattvogel (Gelbkopf-Blattvogel).

Ein außergewöhnliches Morgenkonzert

Wer einmal eine Nacht im tropischen Regenwald verbracht hat, wird vor Anbruch der Dämmerung vom Lärm der Vogelstimmen erwacht sein.

In den Wäldern Sumatras, Kalimantans und Westjavas wird das Vogelgezwitscher aber noch ergänzt oder sogar übertönt von einem anderen Laut: Gibbons, von denen es in Indonesien sechs Arten gibt, stoßen ihren grellen, echoartigen Ruf aus. In Java gibt es nur noch den grauen Java-Gibbon, besonders zahlreich ist er in den niedriger gelegenen Wäldern von Gunung Halimun. Die Gibbons leben in Familienclans mit fünf oder sechs Mitgliedern. Sie bewegen sich unheimlich schnell durch ihr Territorium, wenn sie an ihren Armen von Baum zu Baum schwingen.

Auch Leoparden, Muntjaks, Kantschile und mehrere Hörnchenarten, einschließlich des dunkelbraunen Ziesels, wohnen im Park. Und dann gibt es noch, wenn auch selten zu sehen, den Colugo (Gleitflieger), der fälschlicherweise auch als »fliegender Lemur« bezeichnet wird. Da es keine Artverwandten hat, wurde für dieses ungemein interessante Tier eine eigene zoologische Klassifizierung geschaffen, die Ordnung *Dermoptera* (Riesengleiter). Das possierliche Tierchen ist etwa von der Größe einer jungen Katze. Seine Pfoten sind durch eine pelzbedeckte Membran mit dem Schwanz verbunden. Durch diese Flughilfe kann es elegant von Baum zu Baum, sogar bis zu 50 m weit gleiten.

Oben: *Der ameisenfressende Pangolin hat eine lange, muskulöse Zunge, aber keine Zähne. Mit seinem Schwanz kann er sich beim Klettern gut abstützen.*

Links: *Der schön gezeichnete, auf der Insel noch weitverbreitete Java-Leopard frißt Säugetiere von der Größe junger Wildschweine und Kantschile.*

Thousand Islands Marine National Park

Tauchen nahe der City

Der von Jakarta aus bequem zu erreichende Nationalpark spielt eine wichtige Rolle für den Schutz der Fischgründe und als Naherholungsgebiet für die Einwohner der übervölkerten Hauptstadt Jakarta. Der 11 000 km² große Park wird seinem Namen »Tausend Inseln« nicht gerecht, sondern zählt deren nur 110, die ca. 50 km nördlich der Küste in seichtem Gewässer liegen. Trotz Schwerindustrie und hoher Besucherbelastung sind viele der Riffe in gutem Zustand. An den Stränden der Inseln brüten sogar noch Meeresschildkröten.

Wie Korallenstöcke aufgebaut sind

Atolle, Barriereriffe und Saumriffe gelten als die drei Haupttypen von Korallenriffen. Diese Inseln hier sind Atolle. Viele Atolle bilden sich an der Spitze von Vulkankegeln. Sie entwickeln sich in dem Maße, in dem der Vulkan vom Meer aberodiert wird. Die Atolle sind von Riffen mit unterschiedlichen Korallenformen eingefaßt. Beeindruckend sind die weichen, braunen *Porites*-Blöcke. Vorsicht beim Tauchen ist geboten bei den Acropora-Korallen wegen ihrer scharfkantigen Verzweigungen.

Riffe bestehen weitgehend aus Hart- und Weichkorallen, die beide Kolonien entwickeln. Die Hartkorallen formen ein festes Skelett, das sich aus den Kalkausscheidungen ihrer inneren, weichen Polypen gebildet hat. Weichkorallen haben eine ähnliche Form, jedoch außen kein hartes Skelett. Die Polypen sind ihrer anatomischen Struktur nach mit Seeanemonen, ihren Artverwandten, vergleichbar. Jeder Korallenpolyp weist eine von Tentakeln umgebene Öffnung und einen Hohlkörper auf. Die Polypen scheiden aus ihren Tentakeln eine giftige Substanz aus, mit der sie ihre Beute, wie z.B. winzige Planktonpartikel und andere Meeresorganismen, betäuben – und auch den Tauchern, die sich zu nahe ans Riff wagen, damit unangenehme, sich leicht infizierende Schrammen beibringen können. Alle Korallen leben in Symbiose mit einzelligen, gelbbraunen Algen, sog. *Zooxanthallae,* die an den Rändern ihrer Eingeweide leben und ohne die die Riffe nicht entstehen könnten. Diese Algen finden in den Korallenpolypen Schutz, wandeln in Photosynthese Kohlendioxid und Wasser in Sauerstoff und Kohlenhydrate um und versorgen so die Korallenpolypen mit den lebensnotwenigen Nährstoffen. Sie befähigen die Polypen dazu, Kalziumsalze im Meereswasser in das für die Bildung des harten Skeletts benötigte Kalziumkarbonat umzuwandeln.

Links oben: *Segeljachten vor den Küsten von Pulau Ceribu.*

Ganz links unten: *An den Riffen Indonesiens herrschen Acropora- und Schüsselkorallen vor.*

Links unten Mitte: *Dem harmlosen Batfish kann man sich beim Tauchen problemlos nähern.*

Gleich links unten: *Die Gewässer um Pulau Ceribu ernähren Hunderte von Fischern.*

Rechts oben: *Delphine tauchen immer wieder neben Touristenbooten auf.*

Lage: Inselgruppe nördlich vor der javanischen Küste in der Nähe von Jakarta.

Klima: Heiß, aber wegen der Meeresbrisen gut verträglich. Für gewöhnlich von Mai bis Oktober trocken, Regenzeit von Dezember bis März.

Beste Reisezeit: Ungünstig in der Regenzeit, weil der Seegang dann stürmisch sein kann und die Sichtverhältnisse beim Tauchen schlecht sind. An Wochenenden herrscht meist viel Betrieb, und dann muß auch die Unterkunft im voraus reserviert werden.

Ausrüstung: Tauch- oder Schnorchelausrüstung, die auch vor Ort angemietet werden kann, Sonnenschutz.

Anreise: Flug nach Jakarta und dann mit dem Boot vom Hafen Ancol aus, der 45 Min. vom Zentrum liegt, starten. Je nach Bootstyp braucht man 1–4 Stunden zu den Inseln und Riffen.

Einrichtungen: Gibt es zwischen einfach und luxuriös auf mehreren Inseln, u.a. Pulau Putri und Pulau Kotok.

Genehmigungen: Normalerweise keine erforderlich.

Fauna: Die Riffe vor einigen der Inseln, inbesondere Kotok, Papa Theo, Malinjo und Kuburan Cina bieten gute Bedingungen für Korallen- und Fischfauna, auch wenn sie wegen Verschmutzung und Überfischung nicht zu den besten in Indonesien gehören.

Aktivitäten: Ausgezeichnete Möglichkeiten zum Schnorcheln vor den meisten Stränden in ruhigem Gewässer, gute Tauchplätze, Sonnenbaden und Entspannung an palmengesäumten, weißen Sandstränden.

Je weiter draußen, desto besser

Schnorcheln und Tauchen an den Riffen der »Thousand Islands«, wo es kaum starke Strömungen gibt, ist äußerst beliebt, auch wenn die Sicht manchmal nicht so gut ist. Es überrascht allerdings nicht, daß die Inseln nahe Jakarta durch Besiedlung, Tourismus und Überfischung besonders beeinträchtigt sind. In manchen Fällen, wie der Insel Kotok, hat man jedoch erkannt, daß der natürliche Reichtum der Unterwasserwelt – nicht zuletzt auch für den Tourismus – zu wertvoll ist, um hier Dynamit- und Giftfischerei zu praktizieren – Methoden, die dem Riff irreparable Schäden zufügen. Kotok ist die Jakarta am nächsten gelegene Insel mit guten Plätzen zum Tauchen und Schnorcheln: Hier kann man Gorgonien, Weichkorallen und, wegen seiner Lage am westlichen Rand der Inselkette zum offenen Meer hin, auch Schwärme von Sweetlips, Meeresschildkröten, vielleicht sogar Delphine und vereinzelt auch Haie bewundern.

Weiter draußen zieht das Wrack der 1982 gesunkenen »Papa Theo« viele Taucher an. Im Rumpf des stark zerfallenen Schiffes hausen Riffmuränen. Entgegen landläufiger Meinung sind diese Meeresbewohner äußert scheue Kreaturen, die sich nachts auf Nahrungssuche begeben. Es soll schon vorgekommen sein, daß sie sich vom Finger eines Tauchers, der den von ihnen bewohnten Spalten zu nahe kam, bedroht gefühlt und zugebissen haben. Die größte Art ist die Giant Moray, die bis zu 35 kg schwer und 2 m lang wird. Viele Muränen und große Hummer lassen sich auch auf der nordwestlich der »Papa Theo« gelegenen Insel Malinjo beobacht-

Oben: *Schwarze Korallen kommen in tieferen Gewässern vor.*

Rechts: *Weichkorallen und Anemonen bevorzugen Spalten und Vorsprünge.*

Unten: *Einige Lippfischarten säubern größere Fische von Parasiten und kleinen Nahrungsresten.*

en. Sowohl hier als auch bei Kuburan Cina – was »chinesischer Friedhof« bedeutet – gibt es wundervolle Korallenriffe mit eindrucksvollen Verzweigungen, sogenannte Hirsch- und Elchsgeweihe, mit den massiven Hirnkorallen und Sternkorallen. Und sehr wahrscheinlich wird man Papageifische, Riffbarsche und Borstenzähner zu sehen bekommen.

Mangroven – lebenswichtig für die Riffe

Man weiß sehr genau um die Bedeutung intakter Korallenriffe und Mangrovengürtel für die Fischerei und den Erhalt der Küsten: Dichte Mangrovenwälder an der Nordküste Javas schützten einst vor Erosion und Verlandung der flachen Gewässer. Und nur in diesen geschützten, seichten Meereszonen, fernab von schwierigen Bedingungen und natürlichen Feinden im offenen Meer, können sich junge Meeresorganismen entwickeln. Die Zerstörung beider natürlicher Barrieren erwies sich somit als überaus schädlich: Der Raubbau an Korallenriffen zur Gewinnung von Kalkstein für Baumaterial und die Abholzung der Mangroven an den Küsten für die Holzkohlegewinnung bzw. Garnelenzucht reduzierten die Fischbestände erheblich. Auch die lukrative Garnelenzucht erweist sich als verhängnisvoll für die Riffe: Nach starken Regenfällen oder Stürmen wird der Schlick ins Meer ausgewaschen; infolge der zunehmenden Verschlammung des Wassers setzen sich immer mehr Erdpartikel auf dem Riff ab und entziehen dem sensiblen Ökosystem das für seine Entwicklung und Erhaltung unverzichtbare Sonnenlicht.

Ganz oben: *Schattige Korallensandwege zwischen Bungalows. Auf den Inseln findet man Unterkünfte von einfach bis luxuriös.*

Oben Mitte: *Schwarz gefleckte Riffmuränen suchen tagsüber in Löchern Unterschlupf, wo sie von Shrimps gesäubert werden.*

Links: *Die weichen Blumenkorallen an den Riffhängen nehmen über die stacheligen Zellen an ihren Greifarmen Nahrung auf.*

Gunung Gede Pangrango National Park

Heiße Quellen im Regenwald

Mit den beiden Vulkanen Gunung Gede (2958 m) und Gunung Pangrango (3029 m) in seinem Kern nimmt der Gunung-Gede-Pangrango-Nationalpark eine kleines, aber wichtiges vulkanisches Gebiet in den Bergen Westjavas ein. Der Park liegt, bequem erreichbar, nur wenige Fahrtstunden südlich von Jakarta. Mehrere große Ströme und Flüsse entspringen dort, u.a. der durch die Hauptstadt fließende Cilwung. Die Täler dieser Region sind dichtbevölkert. Hier sind viele von Javas endemischen Vogelarten beheimatet, und in den dichten Wäldern an den Hängen haben einige javanische Säuger ihre Rückzugsgebiete. Besonders reizvoll wird der Besuch des Parks nicht zuletzt durch seine Nähe zu den Botanischen Gärten von Cibodas, die 1830 von den Holländern gegründet wurden. Es galt damals, auf einem höher gelegenen Gebiet ein Pendant zum weltberühmten Botanischen Garten in Bogor zu schaffen.

Ganz links oben: *Kannenpflanzen ergänzen ihre Nährstoffaufnahme, indem sie Insekten anlocken und verdauen.*

Ganz links Mitte: *Der überwiegend nachtaktive Fleckenmusang frißt auch Kaffeebeeren.*

Ganz links unten: *Die eigenartige, von Wurzeln lebende Schmarotzerpflanze* Balanophora Elongata.

Gleich links: *In der feuchten Umgebung der Cibeureum-Wasserfälle haben sich spezielle Pflanzen angesiedelt.*

Rechts oben: *Im Park leben zahlreiche Java-Schlankaffen.*

Relikte aus ferner Vergangenheit

Zu den ungewöhnlichsten Pflanzen des tropischen Regenwaldes gehören die Baumfarne, die sich mit ihren palmenähnlichen Wedeln von der übrigen Vegetation abheben. Sie können bis zu 20 m hoch werden und zeichnen sich, je nach Lichteinfall, mit herrlichen Musterungen gegen den Himmel ab. Baumfarne zählen zu den ältesten Vertretern einer Pflanzenfamilie, die eine Baumform entwickelt hat. Wie andere Farne auch pflanzen sie sich durch Sporen, die an der Unterseite der Blattwedel gebildet werden, fort.

Die gut markierten Wege des Parks, der auf einer Höhe von 600 m beginnt, aber größtenteils oberhalb von 1300 m liegt, führen nacheinander zu den drei Hauptvegetationsformen: Die submontane Zone liegt zwischen 1000 und 1500 m Höhe, die montane auf 1500 bis 2400 m, und weiter oberhalb der subalpine Nebelwald mit seinen verkrüppelten, moosbedeckten Bäumen. Im Bereich des Gipfels wachsen Sauerklee und Primeln, die, als sich am Ende der Eiszeit die Gletscher zurückgezogen haben, bis zu den Bergkämmen hinauf gewandert sind. So kann man unterhalb des Gipfels des Gunung Gede Wiesen finden, die an die Alpen erinnern. Hier wachsen Büschel des grün-weißen Java-Edelweiß.

Viele Pflanzen haben sich an die spezifischen vulkanischen Bedingungen der Gegend angepaßt. So platzen etwa die Samenhülsen der Albizia-Bäume erst durch die Hitze und Dämpfe der Schwefelquellen auf. Den Schwefelquellen, die wie »vulkanische Ventile« wirken, entweicht ein Gestank von faulen Eiern, der aus einem Gemisch von Schwefeldioxid und Schwefelwasserstoffsulfat herrührt – in zu hoher Konzentration ein tödlicher Stoff.

Lage: In den Bergen ca. 80 km südlich von Jakarta.

Klima: Heiß, abends aber kühler. In den Bergen Frost möglich. Niederschläge das ganze Jahr über.

Beste Reisezeit: Wer am frühen Morgen Vögel beobachten möchte, sollte eine Übernachtung einplanen, für Bergtouren zwei Nächte. An Wochenenden ist der Park oft überlaufen. In der Regenzeit (Dezemer bis März) sind Teile des Parks geschlossen.

Ausrüstung: Gute Wanderschuhe, lange Hosen, langärmlige Hemden, Mückenschutz und Fernglas, für Übernachtungen im Park Campingausrüstung und warme Kleidung.

Anreise: Von Jakarta in südlicher Richtung nach Ciawi, dann weiter in Richtung Bandung über den Puncak-Paß. 7 km nach der Paßhöhe zweigt die Straße in Pacet rechts ab zum Park und zu den Botanischen Gärten von Cibodas.

Genehmigungen: Werden vom Parkbüro am Eingang erteilt. Paßkopien mitnehmen!

Einrichtungen: In den Botanischen Gärten gibt es ein gutes Gasthaus, weitere Unterkünfte und Hotels außerhalb des Parks nahe der Hauptstraße. Im Park einige einfache Campingplätze. Auf den gut markierten Wegen kommt man auch ohne Führer zurecht.

Fauna: Sehr gute Möglichkeiten, einmal den einheimischen Java-Gibbon, Fleckenmusang, Flughörnchen und javanische Vögel zu sehen bzw. zu hören.

Aktivitäten: Bergtouren, Vogelbeobachtungen, Spaziergänge in den Botanischen Gärten mit gutem Überblick über die Bergflora.

Oben: *Das nachtaktive Taguan, eine Flughörnchenart, hält sich tagsüber in Baumlöchern auf.*

Unten: *Heiße Quellen gehören zum typischen Bild des Gunung-Gede-Pangrango-Nationalparks.*

Schwefeldämpfe und heiße Quellen

In Kandang Badak, auf 2400 m Höhe, liegt ein Campingplatz, wo sich die beiden Wege gabeln, die zum Gede bzw. Pangrango führen. Die Besteigung beider Vulkane, jeweils eine 6–8stündige Tour, ist sehr anstrengend. Aber es lohnt sich, nicht nur wegen der nackten Felswände des von Schwefeldämpfen durchwehten Kraters, die von Flechten und Schwefelablagerungen gelb und orange verfärbt sind. Obwohl der Wald am Krater des Gunung Gede bei vulkanischen Ausbrüchen immer wieder verwüstet worden ist, zuletzt 1947, haben inmitten dieser scheinbar unwirtlichen Umgebung der zu den Seglervögeln gehörende Volcano-Swiftlet und der Wanderfalke ihr Zuhause; letzterer baut seine Nester in luftiger Höhe auf kleinen, unzugänglichen Felsgesimsen. Im Inneren des Kraters leben auch Bankivahühner, enge Verwandte des Haushuhns.

Das Regenwasser, das sich innerhalb des Kraters des Gunung Gede sammelt, fließt in die Erde ab und wird geothermisch aufgeheizt. Bei Air Panas, »heiße Quelle«, kommt es mit einer Temperatur von 60–75 °C wieder ans Licht und rauscht dampfend über Felsen ins Tal.

Flora und Fauna – vom Wasserreichtum geprägt

Bedenkt man die durchschnittliche Niederschlagsmenge von 5000 mm pro Jahr, so wird verständlich, warum in diesem Nationalpark Wasser allgegenwärtig ist. Mehrere Bäche an den nördlichen Flanken des Gede speisen die imposanten Cibeureum-Wasserfälle. Sie bilden aufgrund des ständigen Sprühregens ein eigenes Ökosystem, in dem sich solche Pflanzen angesiedelt haben, die besonders viel Feuchtigkeit lieben, darunter etwa die an Felswänden sitzenden Farne. Wer aufmerksam ist, kann vielleicht ein Paar Zwergscherenschwänze sehen, die hinter den Wasserfällen auf der Suche nach Insekten die Felsen entlang krabbeln. Schmetterlinge nippen am mineralreichen Wasser in den Pfützen am Fuß der Wasser-

fälle. In den Bäumen ringsum machen sich gelegentlich eine größere Zahl von Sundamennigvögeln bemerkbar – dank ihres scharlachrot-schwarz gefärbten Gefieders gut im dichtem Laub der Äste sichtbar.

Bisher wurden im Park über 260 Vogelarten gezählt, davon sind 20 endemische Arten: neben der Perlwangentimalie kann man den Kurzfuß-Fächerschwanz und den Rotbürzel-Fächerschwanz sowie den Javanektarvogel am häufigsten sehen. Vielleicht huscht einem auch einmal eine Schar Rebhühner vor die Kamera, oder man erspäht den kleinsten Vogel Javas, die Zwergmeise. An ihrem lauten, glucksenden Ruf leicht zu erkennen ist die Lachdrossel. Eine der schönsten Arten jedoch ist die Königsfruchttaube mit ihrer wundervoll gestreiften, blaßgrün, orange und pink gefärbten Brust. Zu den anderen interessanten Vögeln gehören eine Schnäpperdrossel- und eine Kurzflügelart sowie der Diademschmätzer, eine nur in diesem Gebiet vorkommende endemische Art.

Von den Säugetieren kommen der sonst seltene, endemische Java-Schlankaffe und der Java-Gibbon oft vor. Leoparden und Waldkatzen verstekken sich wie überall – anders der Fleckenmusang, der oft an Wegen und nachts an Campingplätzen auftaucht, wo er in den Abfällen wühlt. Wenn im Licht der Abenddämmerung ein dunkler Schatten oben zwischen den Bäumen hin und her huscht, handelt es sich vermutlich um ein Flughörnchen. Dank einer Membran zwischen Vorder- und Hinterbeinen kann es von Wipfel zu Wipfel segeln; seine Flugbewegungen steuert es dabei mit dem Schwanz.

Links: *Auffällig sind die starken, aber unregelmäßigen Flügelbewegungen des Schwalbenschwanzfalters.*

Links unten: *Fauler Geruch entströmt den Schwefelquellen im Kratereinschnitt des Gunung Gede.*

Rechts Mitte: *Java-Edelweiß auf der Bergwiese Suryakencana.*

Rechts unten: *Mit Geduld und Glück in der Nähe von Bergflüssen zu finden: die Sundapfeifdrossel.*

Bromo Tengger Semeru National Park

Im Land der heiligen Vulkane

Wer zum Bromo Tengger Semeru National Park reist, tut das in aller Regel, um sich in den frühen Morgenstunden einer »Pilgerkarawane« anzuschließen und den legendären Sonnenaufgang am heiligen Krater des Gunung Bromo zu erleben. Wenn der Nebel aufsteigt, das Sternenlicht verblaßt und sich der Horizont mit einem rosafarbenen Schimmer überzieht, herrscht eine wunderbare Stimmung. Schon um acht Uhr haben die meisten Besucher den Park wieder verlassen, um ihr nächstes Ziel anzusteuern. Wer sich zum Bleiben entscheidet, dem hat der Bromo Tengger Semeru weit mehr zu bieten als die üblichen Postkartenmotive. Das Gebiet liegt größtenteils auf etwa 2000 m Höhe, so daß angenehm kühle Temperaturen herrschen. Bester Ausgangspunkt für Erkundungen ist das Dorf Cemoro Lawang am nördlichen Rand der Caldera, die sich wie ein Ring um den Bromo und die benachbarten Berge zieht.

Schnee in den Tropen

Ranu Pani liegt auf 2300 m Höhe und ist die höchstgelegene Siedlung Javas. Nicht selten gibt es dort Frost, und 1984 schneite es sogar. In den 1950er Jahren wurde die Gegend besiedelt. Es waren Bauern aus tieferen Regionen, die den Primärwald zur landwirtschaftlichen Nutzbarmachung rodeten. Anfangs verbrachten sie die meiste Zeit in ihren Heimatdörfern, weil sie sich nur schwer an die Kälte gewöhnen konnten, doch mittlerweile zählt Ranu Pani rund 300 Familien. Der Ort ist Ausgangspunkt für die Wanderung zum Gunung Semeru, dem zweiten heiligen Vulkan des Parks, mit 3676 m der höchste Berg Javas. Der gleichmäßig geformte, konische Vulkankegel, der alle paar Minuten Rauchwolken ausstößt, ist von vielen Punkten des Parks aus gut zu sehen. Die letzten größeren Eruptionen ereigneten sich 1982, als 300 Menschen unter Schlamm- und Lavaströmen begraben wurden, und im Jahr 1994, mit verheerender Verwüstung von Wald, Dörfern und zahlreichen Todesopfern. Nicht zuletzt ist es der Gefahr von Vulkanausbrüchen zuzuschreiben, daß der Wald an den Bergflanken in relativ gutem Zustand ist. Aufgrund der Höhe kommt hier, anders als im Tiefland, nur eine begrenzte Zahl von Bäumen und anderen Pflanzenarten vor, u.a. Eichen, Kastanien, Lorbeer- und Gummibäume. Neben den gut 150 registrierten Orchideenarten gibt es auch neun Pflanzen, die bislang nirgendwo sonst auf der Erde entdeckt wurden. Auf Nutzflächen wurden tropische Akazien, *Acacia decurrens*, gepflanzt; die schnellwüchsigen Hölzer werden als Brennstoff verwertet. Am häufigsten treten die fichtenähnlichen Kasuarinen *Casuarina junghuniana* auf. Sie überleben Brände und können sich aus verkohlten Stümpfen regenerieren.

Links: *Der kahle Gipfel des Semeru, des höchsten Berges auf Java, überragt die gesamte Landschaft.*

Rechts oben: *Baumfarne gehören zur typischen Vegetation auf den vulkanisch entstandenen Hügelzügen Javas.*

Lage: Im Hochland von Ostjava, ca. 90 km südöstlich von Surabaya.

Klima: Angenehm temperiert mit kalten Nächten. Regenzeit Januar–März.

Beste Reisezeit: Das ganze Jahr über; beste Sicht in der Trockenzeit. An Wochenenden herrscht am Bromo bzw. Semeru viel Betrieb, v.a. während des Kasodo-Festes. Der Aufstieg zum Semeru ist wegen der im Laufe des Tages stärkeren, giftigen Dämpfe nur zum Sonnenaufgang zu empfehlen. Die meisten Besucher bleiben einen halben Tag, obwohl ein längerer Aufenthalt lohnt.

Ausrüstung: Feste Wandersandalen oder Turnschuhe, leichte Kleidung, warme Jacke und Sonnenschutz.

Anreise: Von Surabaya in südöstlicher Richtung nach Cemoro Lawang (3 Std.), über Malang nach Ngadas (4 Std.) oder über Lumajang nach Ranu Pani (5 Std.). Von Bali: Fähre nach Ketapang und weiter über Land (6 Std.).

Genehmigungen: Bei der Zufahrt in den Park.

Einrichtungen: Kleine Hotels in Cemoro Lawang am Bromo, Gästehäuser in Ranu Pani und Wonokitri. Besucherzentrum in Cemoro Lawang.

Fauna: Die in den Bergwäldern Javas, v.a. um Wonokitri und bei Ngadas und Ranu Pani heimischen Vögel.

Aktivitäten: Im Mittelpunkt steht das Vulkanerlebnis. Wanderungen zwischen den Dörfern im Hochland und Begegnungen mit den Tengger, die sich kulturell von den Menschen im Tiefland Javas unterscheiden.

Ganz oben: *Langsam schält sich der Krater des Gunung Bromo aus der Morgendämmerung.*

Oben: *Wie eine an den Kraterrand gelehnte Leiter wirkt die Treppe, auf der die Touristen nach oben gelangen.*

Rechts: *Vom Gunung Penanjakan eröffnet sich ein Panoramablick auf die Tengger-Caldera mit dem Bromo (Mitte, links) und dem Batok (Mitte, rechts) und dahinter dem rauchenden Kegelvulkan des Semeru.*

Links oben: *Vom Kraterrand des Bromo kann man in der Tiefe die Lava rot glühen sehen.*

Rechts oben: *Auf kleinen, zähen Sumbapferden kann man in Bromo durch das Sandmeer reiten.*

Die Wälder der Hügel und Täler in den höhergelegenen Gebieten um den Bromo sind größtenteils abgeholzt bzw. brandgerodet worden. Die entstandenen Flächen haben sich in Steppen verwandelt, die in der Vergangenheit dem Wild als Weideflächen dienten. Die Bildung junger Bäumchen wird gerade durch die niedrigen Temperaturen in der Nacht erschwert. Hier wachsen auch in gemäßigten Breiten vorkommende Pflanzen wie Astern, Berberitzen, Primeln, Rhododendren oder Fuchsien.

Der Gipfel Javas

Gunung Semeru bildet die Spitze eines mächtigen vulkanischen Blocks. Für den Aufstieg braucht man zwei bis drei Tage, einschließlich einer Zeltübernachtung in eisiger Kälte am See Ranu Kumbolo und einer vierstündigen, sehr schwierigen Strecke über das Vulkangeröll unterhalb des Gipfels. Dort werden die Anstrengungen mit einem phantastischen Blick über weite Teile Ostjavas belohnt. Unterwegs sieht man vielleicht Wildschweine und die endemischen Perlwangentinmalie, den Javabrillenvogel, manchmal auch den Javan Scrub-warbler – der sein letztes Habitat in den Bergen Ost- und Zentraljavas hat. Häufiger kommen Kurzfuß-Fächerschwanz, Javanektarvogel und die Pacific Black Duck vor. Lohnende Abstecher führen zu den stillen Seen von Ranu Pani und zum See Regulo. Ein anderer Aufstieg zum Semeru ist die seltener begangene Route von Süden her über das Dorf Blubuk.

Aufstieg zur heiligen Höhle

Mit Ausnahme des kastanienfarbenen Muntjak ist das Tierleben durch die ausgiebigen Jagdpraktiken der letzten Jahrzehnte ausgedünnt. Die Dorfbewohner klagen über Ernteschäden durch den starken Pflanzenverbiß, den das Javastachelschwein oder *Landak* anrichtet. Leoparden werden häufig gesichtet, im Steppengebiet leben Gabelschwanzhuhn, Spornpieper und Russet Bush-warbler, und in der Caldera soll sogar ein Rudel der sehr seltenen Asiatischen Wildhunde leben.

An der Westseite des Gebirgszuges, im Zentrum der Caldera, liegt Gunung Widodaren, an dessen mittlerer Flanke ein steiler Pfad zu einer heiligen Höhle führt. Hierher kommen die Einheimischen mit Opfergaben, um zu beten, zu meditieren oder das von der Höhlendecke tropfende Wasser aufzufangen, mit dem sie ihre Anbaupflanzen besprengen und so eine gute Ernte erbitten.

Panorama von Penanjakan

Die besten Ausblicke im Park eröffnen sich von der Spitze des am Nordrand der Caldera gelegenen Gunung Penanjakan, von wo aus das südlich sich ausdehnende Sandmeer, der Bromo und der stark gefaltete Gunung Batok vor dem Hintergrund des rauchenden Kegels des Semeru überblickt werden können. Die von Gestrüpp bedeckte und bewaldete Ostseite des Penanjakan in Richtung Cemoro Lawang beheimatet Javaneraffen und Java-Schlankaffen. Auf dem Gebirgszug, der sich nördlich vom Penanjakan erstreckt, findet der aufmerksame Wanderer Büschel des äußerst seltenen Java-Edelweiß *(Anaphalis javanica)*.

Rechts oben: *Im Gegensatz zu den mehrheitlich muslimischen Javanern sind die Tengger Hindus. Zum Kasodo-Fest an Neujahr werden am Bromo Opfergaben dargebracht, um die unheilvollen Kräfte des Berges zu besänftigen.*

Rechts Mitte: *Die Böden des Sandmeeres sind von Asche und Lavageröll bedeckt. Hier siedelt sich zähes Gras an.*

Rechts unten: *Ein aufwendig geschmücktes Pferd im Tenggerdorf Ngadas östlich des Parks.*

Meru Betiri National Park

Entlegene Wildnis im südlichen Java

Die 50 000 ha große Fläche des Meru Betiri National Park bietet eines der wenigen noch erhaltenen Regenwaldgebiete im ostjavanischen Tiefland. Das Klima ist hier im Vergleich zu den meisten Gebieten Ostjavas wesentlich feuchter. Den überwiegenden Teil der Pflanzenwelt bildet immergrüner Regenwald in einer Region, deren vorherrschende Vegetationsdecke sich aus trockenerem Monsunwald zusammensetzt. Weite Flächen des Parks erstrecken sich über steile, von einer dünnen Humusschicht bedeckte Hänge, die sich zum Gipfel des 1223 m hohen Gunung Betiri hinaufziehen. Der Umstand, daß eine landwirtschaftliche Nutzung nahezu unmöglich war, hat entscheidend zur Erhaltung des Gebietes beigetragen. Dadurch hat der Java-Tiger hier länger als anderswo auf der Insel überlebt. Jedoch ist er seit 1990 nicht mehr gesichtet und inzwischen als ausgestorbene Spezies klassifiziert worden.

Ganz links oben: *Die weitverbreitete Schlangenweihe stößt einen unverwechselbaren »Ni-Ni«-Ruf aus.*

Ganz links Mitte: *Mit seinen scharfen Zähnen kann das Gleithörnchen eine Kokosnuß aufbeißen.*

Ganz links unten: *Die Rattanpalme trägt Büschel von Samenkapseln und schützende Dornen.*

Links: *Steile Felsklippen wechseln die Sandstrände entlang der Küste von Meru Betiri ab.*

Rechts oben: *Schwarze Java-Leoparden sind keine Seltenheit.*

Schildkröten in Gefahr

Vier Arten von Meeresschildkröten kommen zum langen Sandstrand von Sukamade am Meru Betiri, um ihre Eier zu legen, vor allem zwischen Oktober und März. Nach Einbruch der Dunkelheit werden die Touristen an bestimmte Stellen des Strandes geführt, wo sie in absoluter Stille warten müssen, denn jegliches Geräusch oder Taschenlampenlicht würde die Tiere verscheuchen. Nach einer Weile lösen sich die Schildkröten aus dem Dunkel des Meeres und kriechen zum Strand hinauf. Dort graben sie mit ihren Schwimmflossen eine Mulde in den trockenen Sand und legen ihre weißen klebrigen Eier hinein. Beim Eierlegen selbst lassen sie sich nicht mehr von der Gegenwart des Menschen stören, so daß man sie mit etwas Zurückhaltung in Ruhe beobachten und sogar fotografieren kann. Nachdem eine Schildkröte etwa 100 Eier gelegt hat, bedeckt sie die Mulde mit Sand und tritt den Rückweg ins Wasser an.

Fünf Schildkrötenarten kommen in indonesischen Gewässern vor. Die am häufigsten gesichtete ist die Grüne Schildkröte, eine der größten, die ein Gewicht von 135 bis 180 kg erreicht. Über das Leben der Tiere zwischen dem Zeitpunkt, zu dem sie aus dem Ei geschlüpft sind, und der Nacht Jahre später, wenn sie – so wird angenommen – wieder zum selben Strand zurückkehren, um dort ihre eigenen Eier zu legen, ist wenig bekannt.

Im gesamten östlichen Indonesien wird Handel mit Schildkröten getrieben, um sie vor allem in Bali zu verkaufen, wo ihr Fleisch bei religiösen Zeremonien verwendet wird. Darüber hinaus werden in vielen Teilen

Lage: Eine Bergkette an der Küste Südostjavas, ca. 200 km von Surabaya und 75 km vom Bali-Fährhafen Ketapang.

Klima: Das ganze Jahr hindurch heiß; viel feuchter als andere Parks in Ostjava. Niederschläge sind in jedem Monat möglich, am stärksten von Januar bis April.

Reisezeit: Das ganze Jahr über, doch bei starken Regenfällen kann die Zufahrtsstraße unpassierbar sein. Mindestens zwei Übernachtungen sollte man einplanen, um auch Schildkröten erleben zu können (v.a. zwischen Oktober und März).

Anreise: Von Surabaya oder Ketapang nach Banyuwangi und in südwestlicher Richtung nach Jagag und Sarongan.

Genehmigungen: Im Nationalparkbüro in der Nähe von Sarongan sind manchmal Fotokopien des Passes vorzuzeigen.

Ausrüstung: Leichte Kleidung und Regenschutz, warme Jacke, Mückenschutz und Bettlaken.

Einrichtungen: Einfache Gasthäuser in Sukamade, von denen eines von der Parkverwaltung und das andere von der Schildkrötenfarm bewirtschaftet wird. Verpflegung sollte mitgebracht werden, einige Lebensmittel sind im Dorf erhältlich.

Fauna: Meeresschildkröten und eine Vielzahl javanischer Vögel.

Aktivitäten: Publikumsmagnet sind die Schildkröten. Gute Gelegenheiten zu Vogelbeobachtungen und Wanderungen. Für längere Touren ist ein lokaler Führer empfehlenswert. Spektakuläre Ausblicke auf die südliche Küstenlinie mit herrlichen, von felsigen Landzungen eingefaßten Sandstränden.

Links oben: *Der auf Java heimische Haubenlangur liebt die Früchte der Betelpalme.*

Rechts oben: *Der Strand von Sukamade ist geschützt, so daß Schildkröten dort ohne Bedrohung durch Menschen ihre Eier legen können.*

Rechts: *Sandkrabben, ein gewohnter Anblick am Strand.*

Indonesiens Schildkröteneier gesammelt und auf den örtlichen Märkten verkauft. Die Versuche, diesen Handel per Gesetz zahlenmäßig zu beschränken, waren bislang nicht sehr erfolgreich. Tatsache ist, daß die Populationen der Schildkröten, die ein Durchschnittsalter von 100 Jahren haben, kontinuierlich abnehmen.

Der Strand von Sukamade ist geschützt – zumindest vor dem Menschen als Beutejäger. Doch werden die Eier immer wieder von Wildschweinen, Bindenwaranen oder wilden Hunden aufgefressen. Aus diesem Grund werden sie von Parkwächtern ausgegraben, in einem umzäunten Gelege wieder eingegraben und mit dem jeweiligen Datum markiert.

Wenn nach etwa zwei Monaten die frisch geschlüpften Schildkröten aus dem Sand kriechen, kommen sie für ein paar Tage in Wasserkanister, um sie vor hungrigen Eidechsen und Seevögeln in Sicherheit zu bringen. Sind sie dann einmal im Meer ausgesetzt und auf sich allein gestellt, lauern immer noch genügend Gefahren.

Die Tierwelt des Meru Betiri

Vogelliebhaber kommen hier auf ihre Kosten, gibt es doch immerhin fast 200 Arten, von denen sich zumindest einige auf den Wanderungen im Park zeigen werden. Vielleicht bekommt man den hier endemischen Javaliest mit seinem markanten roten Schnabel und dem auffälligen

türkis-purpurroten Gefieder zu sehen, oder man vernimmt den auffälligen Widerhall des Rufes der Bartvögel, die in den dichten Baumkronen schwer zu orten sind. Der Park beheimatet alle drei auf Java vorkommenden Hornvögel, den Furchenjahrvogel, Malabarhornvogel und den Nashornvogel, die mit ihrem schweren, pfeifenden Flügelschlag ihre Anwesenheit ankündigen.

Auch wenn der Java-Tiger vermutlich ausgestorben ist, so hat immerhin der Java-Leopard seine Zufluchtstätte im Park. Er kommt sowohl gefleckt als auch schwarz vor, wobei es sich hier schlicht um verschiedene Färbungen ein und derselben Unterart *Panthera pardus melas* handelt.

Häufig zu sehen sind Java-Hirsche, und auch das Wildrind Banteng soll es im Park geben. Sicherlich wird man einmal einen Haubenlangur oder Javaneraffen entdecken, und wer etwas mehr Zeit mitbringt, kann mit etwas Glück einige weitere im Park lebende kleinere Säugetiere erspähen: Zwerghirsche (Kantschile), Gleithörnchen oder Palmenroller.

Das Problem der Besiedlung

Die Siedlungen innerhalb des Meru-Betiri-Parks haben immer wieder Anlaß zu hitzigen Debatten gegeben. Es gab Pläne, die Kaffeeplantage in Sukamade zu schließen und die Dorfbewohner umzusiedeln, doch dies stieß natürlich auf den Widerstand der Plantagenbetreiber, die wiederum starke Argumente für den Naturschutz auf ihrer Seite haben: Ihre Arbeiter brauchen für ihren Lebensunterhalt nicht von den natürlichen Ressourcen des Parks zu schöpfen – im Gegensatz zu den Dorfbewohnern, die an dessen nördlicher Grenze leben. Dort kommt es auch zu den schlimmsten Eingriffen durch den Menschen.

Ganz oben: *Junge Grüne Schildkröten, die im Schutz des Meru-Betiri-Nationalparks geschlüpft sind, werden unter der Aufsicht eines Wächters im Meer ausgesetzt.*

Gleich oben: *Ein Grünes Schildkrötenweibchen legt rund 100 Eier von der Größe eines Tischtennisballs, ehe sie ihr Gelege mit Sand bedeckt.*

Baluran National Park

Savanne, ein Vulkan und Korallenriffe

Auf einer Fläche von nur 250 km² umfaßt der im äußersten Nordosten Javas gelegene Baluran National Park eine ungewöhnliche Vielfalt unterschiedlicher Lebensräume. Sie reichen von Korallenriffen und dichten Mangrovenwäldern über Küstenwälder mit Sümpfen bis zu ausgedehnten Savannen und laubwerfendem Monsunwald. In der landwirtschaftlich intensiv genutzten und zunehmend industrialisierten Provinz Ostjava ist der Park ein wichtiges Refugium für die Tierwelt, aber auch beliebtes Ausflugsziel für die Stadtmenschen.

Mit einer geringen Niederschlagsmenge von 900 bis 1600 mm im Jahresdurchschnitt gehört dieser Teil Javas zu den heißesten und trockensten Regionen. So unterscheidet sich die Vegetation ganz wesentlich vom immergrünen Regenwald in den regenreicheren Teilen Westindonesiens. Die Bäume im Park sind überwiegend laubwerfend. Einzigartig in Java ist die weitläufige Savanne mit ihrer spärlichen Pflanzendecke – ähnlich wie sie auch in Ostafrika anzutreffen ist.

Links oben: *Der zerfurchte Krater des Gunung Baluran bildet den Hintergrund zu den Rizophora-Mangroven.*

Ganz links unten: *Die herrliche Banded Pitta sucht den Waldboden nach Insektennahrung ab.*

Links unten Mitte: *Der Aussichtsturm bietet den Touristen bei ihren Tierbeobachtungen Schatten und Versteck.*

Links: *Der Schwarznackenpirol ist bei den Javanern sehr beliebt und landet leider oft im Käfig.*

Rechts oben: *Der unverwechselbare Weißbauchspecht hackt ein Nestloch in einen abgestorbenen Baumstumpf.*

Reiches Tierleben

Die offenen Flächen öffnen immer wieder den Blick auf den 1268 m hohen Vulkan Baluran und bieten sehr gute Bedingungen für Tierbeobachtungen. Die Einführung und rasche Verbreitung der *Acacia nilotica* hat leider zu einem Wildwuchs im Grasland und an bestimmten Stellen zu einer eingeschränkten Panoramasicht geführt. Besonders zahlreich vertreten sind die Bantengrinder, nur in den Regenmonaten sind sie selten zu sehen, weil sie dann leichter in den Bergen Wasser finden und nicht zu den künstlich angelegten Wasserlöchern in der Savanne hinunterkommen.

Die wilden Wasserbüffel wirken auf den ersten Blick bedrohlich, meiden jedoch den Menschen. Sie werden nur dann gefährlich, wenn ein Muttertier von seinem Kalb getrennt wird. Die Wasserbüffel machen den Banteng Nahrungs- und Wasserquellen streitig, weshalb man versucht, einige von ihnen zu domestizieren, um die Dorfbewohner zu unterstützen.

Der Park beheimatet nicht weniger als 160 Vogelarten. Einen idealen – und schattigen – Platz für Vogelfreunde bieten die Bäume beim Gästehaus in Bekol, wo Gabelschwanzhühner, Augenstreifbülbüls, Rußbülbüls, Malaienfächerschwänze, Rotbürzel-Fächerschwänze, Schwarznackenpirole und Perlhalstauben, seltener Schwarzflügelstare bewundert werden können. Hier stolzieren auch Ährenträgerpfauen herum, die, wenn

Lage: Im Nordosten Javas, 200 km östlich von Surabaya.

Klima: Die stärksten Niederschläge im Januar/Februar, doch geringer als in den meisten anderen Teilen Javas. Mangels Schatten wird es sehr heiß.

Beste Reisezeit: Das ganze Jahr, doch ist der Untergrund in der Regenzeit aufgeweicht. Voll an Wochenenden. Für Tierbeobachtungen ist eine Übernachtung unverzichtbar. Die meisten Touren sind tagsüber sehr heiß und wenig ergiebig, was Tiere betrifft.

Ausrüstung: Leichte Kleidung, Sonnenschutz, Fernglas, Wanderschuhe, lange Hosen zum Schutz gegen Mücken bzw. Dornen.

Anreise: 6–8 Std. Fahrt von Surabaya oder 1 Std. von Ketapang; von dort 12 km zur Hauptunterkunft in Bekol und weitere 3 km zum Strand von Bamah.

Genehmigungen: Vom Nationalparkbüro, wo bisweilen auch Paßkopien verlangt werden.

Einrichtungen: Einfache Logis in Bamah und Bekol, Verpflegung und Trinkwasser unbedingt mitbringen. Camping ist möglich; Parkwächter bieten auch ihre Dienste als Führer an.

Fauna: Die Vogelfauna der Küsten Javas ist im Park reich vertreten, u.a. mit dem Ährenträgerpfau und dem Gabelschwanzhuhn. Es gibt ganz unterschiedliche Habitate, besonders ergiebig ist der Küstenwald. Banteng, Sambahirsche, Wasserbüffel und Wildschweine sind häufig zu sehen.

Aktivitäten: Spaziergänge und kurze Wanderungen, um Vögel zu beobachten – am schönsten in den frühen Morgenstunden. Schwimmen und Schnorcheln.

Rechts: *Wildschweine in Baluran scheinen keine Angst vor Menschen zu haben. Die Jungtiere haben ein dunkelbraunes Fell mit hellen Streifen und Flecken.*

Gefahr im Verzug ist, sich mit schwirrendem Flügelschlag auf Baumkronen retten, wo sie nachts ihre Schlafplätze haben. Ein geeigneter Punkt für Tierbeobachtungen ist auch der kleine Hügel mit dem Aussichtsturm hinter dem Gästehaus. Von dort aus kann man Vögel, Hörnchen und große Gruppen graubrauner Java-Hirsche an ihren Wasserstellen und Wildschweine sehen.

Unter der Woche, wenn es ruhiger ist, wird man entlang der Straße zwischen der Parkeinfahrt und dem Gästehaus in Bekol viele Vögel entdecken – darunter wahrscheinlich den Kupferschmied, den Bergblauschnäpper und die Kohlmeise. Dieser Bereich eignet sich auch für Nachtwanderungen bzw. -fahrten (starke Taschenlampen erforderlich!). Mit etwas Glück erspäht man vielleicht die glühenden Augen eines Leoparden, eine Rotbraune Maskeneule, die auf einem Ast oberhalb eines Wasserlaufs kauert, die hellen Umrisse einer vorbeiflatternden Schleiereule oder Dutzende von Savannen-Nachtschwalben, die auf der Straße sitzen, bis sie vor den sich nähernden Lichtern davonfliegen.

Zum Strand

Von Bekol führt ein gemütlicher, knapp 3 km langer Spaziergang (am besten in den frühen Morgenstunden) zum Strand von Bamah. Dort fliegen ganze Schwärme von Island Collared Doves von Baum zu Baum, während aus der Luft das Trillern der zu ebener Erde nistenden Buschlerche ertönt. Königsdrongo mit ihrem gegabelten Schwanz und stoßartigen Flug sind fast allgegenwärtig. Zusammen mit den Schwarzflügelstaren sitzen sie häufig auf dem Rücken grasender Huftiere und suchen in deren Fell nach Zecken und anderen Insekten. In Küstennähe wird die Vegetation dichter und weist immergrünen Wald und Palmen, vorherrschend *Corypha utan* auf. Hier und im Übergangsbereich zur Savanne zeigt sich vereinzelt das Muntjak, verschwindet jedoch meist schnell wieder im dichten Unterholz, sobald es die Witterung eines

Unten: *Wilde Wasserbüffel suchen in der Trockenzeit Wasserlöcher auf, wo sie trinken und sich im schwarzen Schlamm wälzen.*

Menschen aufgenommen hat. Hier ist ein guter Platz, um eine der drei Unterarten des Java-Lutung, eines in Java und Bali heimischen, mal rot-, mal schwarzgefärbten Schlankaffen zu sehen. Ausschau halten sollte man auch nach dem Weißbauchspecht, eine der größten Spechtarten überhaupt, der scheuen Banded Pitta und dem kleinen Malabarhornvogel. Am Strand kann es von Javaneraffen auf der Suche nach Krabben, insbesondere Winkerkrabben, nur so wimmeln.

Nördlich und südlich von Bamah führen Pfade durch den küstennahen Wald. Man kann auch einen längeren Weg nach Bekol zurück nehmen oder eine deutlich längere Wanderung zur Quelle von Talpat am Fuß des Vulkans Baluran und gegebenenfalls den Aufstieg zu dessen zerklüftetem Krater machen. Mangels markierter Wege sollte man unbedingt einen Führer nehmen. Die Route führt durch ausgetrocknete Flußbetten und vereinzelte, von hohem Gras bewachsene Partien, in deren Schutz Manyarweber, Safranweber, Cistensänger, Weißkopfnonne und Wellenbauch-Bronzemännchen nisten.

Rechts: *Die Ährenträgerpfauen im Baluran National Park schlafen auf Bäumen und sind in der Morgen- und Abenddämmerung an ihrem heiseren Ruf zu erkennen.*

Unten: *Das flinke Muntjak kann oft am Waldrand beobachtet werden.*

Alas Purwo National Park

Park des Wildochsen

Der Nationalpark Alas Purwo hat viele Gemeinsamkeiten mit dem Tier- und Pflanzenleben des wesentlich bekannteren Baluran, ist jedoch als Schutzgebiet ungleich bedeutender. Auf seinen 43 420 ha breitet sich ein großartiger, waldreicher Naturraum auf der entlegenen Halbinsel Blambangan in der südöstlichen Ecke Javas aus. Innerhalb der Grenzen des Nationalparks liegen unberührte Flächen tropischen Tieflandregenwaldes mit einer eindrucksvollen Tierwelt und endlosen, einsamen weißen Sandstränden, an denen sich Wellen brechen, die in Surferkreisen einen ausgezeichneten Ruf genießen. Bei Rucksacktouristen galt die Halbinsel schon seit vielen Jahren als ein echter Geheimtip unter den vielen Nonplusultras der Surfer. Die legendäre Linkswelle erreicht hier an vielen Tagen eine Höhe von 4–5 m und kann sich über 2 km erstrecken.

Historisch hat der Park die Bedeutung eines Heiligtums. In der Ära des Majapahit-Reiches (13.–15. Jh.) war Alas Purwo das Zentrum des Königreiches Blambangan, das sich östlich bis nach Probolinggo dehnte. Die Überreste eines alten Gebäudes sind noch im Norden des Parks in der Nähe von Muncar zu sehen. Der »Fuß« Javas genannt, wird Alas Purwo als eines der drei heiligsten Gebiete der Insel betrachtet, weshalb die Javaner hierher pilgern, um zu beten und Opfergaben darzubringen.

Links: *Die changierende Farbwirkung des Wassers im zerklüfteten Krater des Ijen erklärt sich aus dem wechselnden Mineraliengehalt.*

Rechts oben: *Der Sambahirsch trägt ein imposantes Geweih zur Schau.*

Vielfältige Tieflandhabitate

Die Vegetationsformen des Parks reichen von tropischem Regenwald bis zu Mangrovenwäldern. Zwar sind große Teile im Inneren des Waldes undurchdringlich, doch einige gute Pfade führen durch die meisten Habitate. Die dichtesten Waldgebiete beheimaten Leopard und den asiatischen Wildhund, eine rötliche, früher weit verbreitete Hunderasse, die heute nur noch innerhalb bestimmter Schutzgebiete wie in den Nationalparks von Ujung Kulon, Baluran, Bromo Tengger Semeru und Alas Purwo vorkommt. Wie die meisten anderen wilden Tiere Indonesiens sind die in Rudeln lebenden Hunde wegen der Tageshitze nachtaktiv und zeigen sich daher dem Menschen so gut wie nie.

Der artenreiche Küstenwald bietet den Java-Lutung und Javaneraffen geradezu ideale Lebensbedingungen und beheimatet viele der insgesamt 217 Vogelarten des Parks. 12 Arten seiner Vogelfauna sind in Java oder Bali endemisch, darüber hinaus gibt es zehn Adler und Habichte, darunter den Bartelsadler, dessen Gesamtpopulation weltweit bei nur noch knapp 200 Brutpaaren liegt.

In Sadengan kann man von einem großen Aussichtsturm die malerische Savanne überblicken. Hier weiden und trinken morgens die Banteng, die früher in Alas Purwo die intakteste Population dieser gefährdeten Wildochsen bildeten. Vom Aussichtspunkt können auch die Ährenträgerpfauen sehr gut beobachtet werden,

Lage: Am südöstlichen Zipfel Javas, 300 km von Surabaya und 70 km südlich des Java-Bali-Fährhafens von Ketapang.

Klima: Ganzjährig heiß, meist trocken, Regenzeit von Januar bis März.

Beste Reisezeit: Ganzjährig. November bis März ist Hauptbrutzeit der Schildkröten, April bis Oktober Brunftzeit der Banteng und Pfauenbalz. Empfohlener Mindestaufenthalt 2–3 Tage.

Ausrüstung: Wanderschuhe, Sonnenschutz, Fernglas. Warme Kleidung für eine Nacht am Ijen, für tropische Verhältnisse können die Nächte, auch auf Meeresniveau, kühl werden.

Anreise: Von Bali mit der Fähre nach Ketapang oder auf dem Landweg von Surabaya die Strecke über Benculuk-Pasaranyar nach Alas Purwo oder Situbondo-Paltuding zum Ijen-Krater.

Genehmigungen: An den Parkeingängen (Paßkopien!).

Einrichtungen: Sehr einfach in Trianggulasi (Alas Purwo) und Paltuding (Ijen). Schlafsack, Trinkwasser und über die Grundverpflegung hinausgehende Lebensmittel mitnehmen! Es gibt einen Aussichtsturm an der Weide in Sadengan.

Fauna: Alas Purwo bietet ein gutes Spektrum der Fauna Javas, inklusive Banteng, Affen, Vögeln, Meeresschildkröten und – mit viel Glück – Wildhunden.

Aktivitäten: Vogelbeobachtungen, v.a. auf der Marengan-Halbinsel, andere Tiere in Sadengan, Schildkröten an den Stränden im Südwesten, kürzere Wanderungen, Weltklassebedingungen für Surfer in der Bucht von Grajegan, Vulkanismus am Ijen.

wenn sie sich in der Abenddämmerung auf ihren Schlafplätzen in den Bäumen niederlassen. Häufig sieht man auch Sambahirsche, das hübsche, rotbraune Muntjak, Fischadler, Störche und Hornvögel, von denen es drei Arten in Alas Purwo gibt, sowie den Javaliest. Der Gebirgszug aus Sandstein auf der einen Seite der Savanne trägt zum landschaftlichen Reiz der Halbinsel bei, über die zerklüftete Felsen verstreut sind, so daß das Terrain nur schwer erkundet werden kann. Dieser Landschaftsform im Verein mit geringen Niederschlägen und mangelnden Frischwasserquellen ist es zu verdanken, daß Alas Purwo relativ lange unberührt blieb.

Sehenswürdigkeiten an der Küste

In die Bucht von Crajagan schiebt sich die parallel zur Küste verlaufende, schmale Marengan-Halbinsel, hinter der die Segara-Anak-Lagune und dichte Mangrovengürtel liegen. Hier ist ein guter Platz, um Stelzvögel und andere Wasservögel zu beobachten, die von dem reichen Biotop der Mangroven angezogen werden. Gezählt wurden 18 Arten wandernder Stelzvögel, die Alas Purwo zu einem Zwischenstop auf ihren Migrationen von ihren Brutstätten in der arktischen Tundra zu ihren Winterquartieren in Australien nutzen. Am besten gelangt man zu der Lagune auf einem Weg, der vom Wachtposten in Rawabenda auf der Straße zwischen der Parkeinfahrt in Pasaranyar und Trianggulasi entlangführt.

Vier Schildkrötenarten (Grüne Meeresschildkröte, Echte Karettschildkröte, Lederschildkröte und Olivgrüne Bastardschildkröte) vergraben ihre Eier an den Sandstränden im Südwesten, wo es ein Schutzgehege für die ersten Tage im Leben der frisch geschlüpften Jungen gibt. Alas Purwo ist eine von zwei Plätzen, wo die Olivgrüne Bastardschildkröte ihre Eier legt.

Die Gebirgswelt des Gunung Ijen birgt eine friedvolle Natur mit herrlichen Blicken über Ostjava und Bali und gehört heute zum Alas-Purwo-Nationalpark. Gegenwärtig ist der Aufstieg nur über einen steilen, schwierigen Weg möglich, der ein Höchstmaß an Kondition abverlangt. Das Gebiet ist oft als die kleinere, ruhigere Version des Gunung Bromo beschrieben worden. Der auf einer

Oben: *Wie viele andere Küstenvögel findet die Eilseeschwalbe ihre Nahrung in den von Mangroven gesäumten Buchten.*

Mitte: *Mahagonibäume wachsen in einer für Plantagennutzung abgesetzten Zone des Alas-Purwo-Nationalparks.*

Links: *Ostjava hat eine lange Trockenzeit, in der die Weidemöglichkeiten für das Banteng karger werden.*

Höhe von 2350 m gelegene Kratersee des noch sehr aktiven Ijen mißt fast einen Kilometer im Durchmesser und ist 870 m tief. Die Farbwirkung des Wassers wechselt zwischen blau, grün und gelblich. Den zahlreichen über den Krater verteilten Fumarolen (vulkanische Dampfquellen) entweicht schwefelhaltiger Rauch, der die hellgelben Schwefelablagerungen an den Rändern hinterläßt. In der Zuckerverarbeitung wird Schwefel für den Bleichungsprozeß von Rohrzucker verwendet. Jeden Tag steigen Dutzende Arbeiter zum Krater hinauf, hauen bis zu 100 kg schwere, schwefelhaltige Gesteinsblöcke heraus und tragen sie ins Tal. Diese Tortur nehmen manche Träger bis zu dreimal täglich auf sich. Wegen der gesundheitsschädlichen Schwefeldämpfe ist für Touristen ein Abstieg in den Krater nicht ratsam.

Links: *Arbeiter tragen bis zu 100 kg schwefelhaltiges Gestein den Berg hinunter.*

Unten: *Hin und wieder tauchen Lavabrocken zur Oberfläche des scheinbar ruhigen Wasser im Kratersee des Vulkans Ijen auf.*

Bali Barat National Park

Tauchen, Vogelwelt und Wandern

Auf einem Gebiet von 19 000 ha entfaltet sich im Bali Barat National Park ein weitgehend unberührter und schwer zugänglicher Naturraum. Der Park bietet einige der beliebtesten Tauchplätze Indonesiens und faszinierende Wanderungen – von entspannten Erkundungen bis anspruchsvollen Trekkingtouren. Hier liegt auch das Habitat der letzten wilden Population des Balistars, einer der seltensten Vögel der Erde.

Der Kampf um den Balistar

Dieser herrliche Vogel, dessen strahlend weißes Gefieder mit schwarzen Spitzen an den Schwanz- und Flügelfedern abgesetzt ist, mit seinen leuchtend blau umrandeten Augen ist die einzige in Bali endemische Vogelart. Nachdem der Star lange gejagt und als Ziervogel in Käfigen gehandelt worden war, wurden endlich Anstrengungen zu seiner Erhaltung und zum Schutz seines natürlichen Habitats unternommen. Im Rahmen eines Programms zur Freilassung von mehreren Dutzend in Gefangenschaft aufgezogener Vögel – der Balistar entwickelt sich dabei vergleichsweise gut – im Park wurde jedoch festgestellt, daß die derzeit nur etwa 15 Vögel umfassende Population weiter abnimmt. Ihr wichtigster Lebensraum liegt auf der Halbinsel Parapat Agung, die für Parkbesucher nicht zugänglich ist. Es ist jedoch möglich, bei der PHPA-Parkverwaltung in Cekik einen Besuch des Zentrums zur Auswilderung des Vogels in Tegal Bunder zu beantragen. Man sollte sich nicht zu früh freuen, wenn man irgendwo einen Vogel mit weißen Flügeln erspäht. Sehr wahrscheinlich handelt es sich dabei um den häufig vorkommenden Elsterstar, der ebenfalls überwiegend weißes Gefieder hat.

Ein hervorragender Tauchplatz

Die etwa eine halbe Stunde von der Küste gelegene Insel Menjangan ist von einem tiefen, 30–40 m steil abfallenden Korallenriff gesäumt. Die Sicht ist in einer Tiefe von 25–50 m normalerweise gut. Die meist leichten Strömungen können jedoch während des Gezeitenwechsels nordwestlich von der Insel ziemlich stark werden. Die seichten Teile des Riffs sind vom Strand aus leicht erreichbar, während man zu bestimmten Tauchplätzen mit dem Boot hinausfährt.

Beim Schnorcheln sind farbenprächtige Fische zu sehen, etwa der Papageifisch und sechs Arten von Anemonenfischen, auch Clownfische genannt, die in Symbiose mit Riesenaktinien leben. Die Seeanemonen sondern ein andere Fische verletzendes Sekret ab, während die Anemonenfische, mit denen sie zusammenleben, sich aufgrund einer die Haut einhüllenden Schleimschicht gefahrlos zwischen den ätzenden Tentakeln bewegen können.

Mördermuscheln entwickeln sich aus kleinen, in den Strömungen treibenden Larven, die sich irgendwann am Riff niederlassen und von Korallen buchstäblich zu-

Links: *Kunstvoll angelegte Reisterrassen und Kokospalmen verleihen der Landschaft Balis ihren typischen Charakter.*

Rechts oben: *Der seltene Balistar, bekanntester Vogel der Insel, ist Gegenstand eines umfangreichen Schutzprogramms.*

Lage: Im Nordwesten Balis.

Klima: Immer heiß. Regen von Oktober bis März.

Beste Reisezeit: Ganzjährig, doch können die Sichtverhältnisse unter Wasser während der Regenzeit sehr eingeschränkt sein. Im Dezember und Juli/August starker Tauch- und Schnorcheltourismus um die Insel Menjangan. Wer zu Vogelbeobachtungen kommt, sollte wenigstens eine Übernachtung einplanen.

Anreise: 3–4 Std. Fahrt von Balis Zentren im Süden, 90 Minuten von Lovina an der Nordküste und 30 Minuten vom Bali-Java-Fährhafen Gilimanuk.

Genehmigungen: Für Tauchgänge und kürzere Wanderungen vom Posten des Nationalparks in Labuhan Lalang erhältlich. Für längere Wanderungen stellt die Parkverwaltung in Cekik, an der Abzweigung der Straße von Gilimanuk, eine Genehmigung aus. Paßkopien mitbringen!

Ausrüstung: Wanderschuhe, Sonnenhut, Mückenschutz, Fernglas. Für Menjangan Schnorchel- oder Tauchausrüstung (kann gemietet werden). Wichtig ist auch Sunblocker und T-Shirt zum Schnorcheln.

Unterkunft: Einfache Zimmer in Gilimanuk und Cekik. Die meisten Touristen quartieren sich in einem der Hotels im 10 km nordöstlich des Parks gelegenen Ort Pemuteran ein oder in Lovina.

Fauna: Gute Möglichkeiten zu Vogelbeobachtungen in den Mangroven, Schlammzonen und Monsunwäldern; exzellente Korallenriffgemeinschaften.

Aktivitäten: Vogelbeobachtungen, Wanderungen, ein Dorado für Taucher und Schnorchler.

Rechts: *Mönchs- oder Rabenfische ziehen sich zum Schutz in die roten Seegräser zurück.*

Oben: *Bali hat eine Reihe sehr guter Tauchplätze zu bieten – die Ausrüstung dafür kann überall gemietet werden.*

gebaut werden. Die in den Korallen eingebettete Muschel filtert das nährstoffhaltige Wasser über ihre Mundöffnung, die sich als kräftig dunkelblau und türkis getönte Streifen gegen das Riff absetzen.

Einer der bekanntesten Tauchplätze ist das Wrack der »Anker«, eines in 40 m Tiefe gelegenen Schiffs aus dem 19. Jh., dessen Rumpf von großen Fischschwärmen bewohnt wird. Darunter sind Halfterfische, Sweetlips, Borstenzähner, Drückerfische und Riffbarsche.

Eine große Vielfalt bietet die Unterwasserfauna im Bereich des Garden Eel (»Aalgarten«), einer von Aalen nur so wimmelnden Sandzunge. An ihrer östlichen Seite kann man farbenprächtige Riffische bewundern, etwa den Bignose Unicornfish, Longfin Bannerfish, Lionfish und mehrere Engelfischarten.

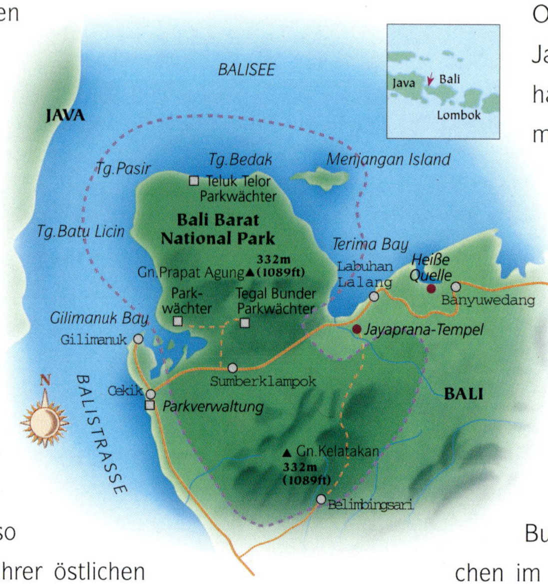

Zugvögel

Die Mangroven und Schlammzonen stellen für Mangrovendickkopf, Rifftriel und verschiedene Schnepfenarten ein geradezu ideales Terrain dar. Zwischen April und Oktober, während der kühlen Jahreszeit in Australien, trifft man häufig auf den von dort kommenden Götzenliest. Er ist kleiner und weniger majestätisch als der türkis und weiß gefiederte Halsbandliest, der mit seinem lauten Kreischen und dem Hang zu gut einsehbaren Aufenthaltsorten zu den auffälligsten Vögeln der Insel gehört.

Die offenen, von Gras- und Buschvegetation überzogenen Flächen im Bali Barat National Park erlauben ausgezeichnete Beobachtungspunkte für die jährlichen Raubvogelzüge im Oktober, bei denen Tausende von Vögeln, unter ihnen Malayen-Wespenbussarde, Tril-

Oben: *Nur selten findet man rote kolonienbildende Seescheiden auf der Oberfläche einer solitär lebenden violetten Seescheide.*

Links: *In einer Tiefe von 35 m wachsen Weichkorallen am Wrack der »Liberty«.*

Unten: *Beim Tauchen offenbart die Unterwasserwelt wahre Schätze – wie diesen große Testudinaria-Faßschwamm*

Oben: *Obwohl der Bali-Tiger im Nationalpark ausgerottet ist, bietet Bali Barat verschiedensten Tieren, vor allem Vögeln, einen reichen Naturraum.*

Rechts: *Der Malaienstorch wird häufig bis zu 1,5 m groß und kann oft bei der Futtersuche am Rand der Bucht von Gilimanuk beobachtet werden.*

lersperber und chinesische Habichte vom asiatischen Festland in die südliche Hemisphäre fliegen. Und in den Kokosnuß- und Kapokplantagen kann man Elster- und Malaienstare, Königsdrongos, Graudrongos, Schwarzflügelaegithinas und Dollarvögel entdecken.

Ins Innere des Parks

Nur mit guter Kondition und Konstitution und in Begleitung eines ortskundigen Führers sollte man sich auf einen der wenigen Wege in die inneren Gebiete des Parks machen. Hinter dem Totentempel von Jayaprana bietet der zu einem Flußbett abzweigende Pfad einen Einblick in das dortige Vogelleben, insbesondere gegen Ende der Trockenzeit, wenn die Bäume des Monsunwaldes ihr Laub verlieren und die Vögel dann leichter ausgemacht werden können. Vielleicht bekommt man den Beo oder den in Baumstämmen nistenden Black-thighted Falconet, Balis kleinsten Raubvogel, vor die Kamera.

Der gewundene Lauf des Flusses ist von verschiedenen Vögeln, Rotwild, Affen und Hörnchen bevölkert.

Oben: *Die kunstvollen Opfergaben in einem balinesischen Tempel zeigen die Bedeutung des religiösen Lebens im Alltag der Balinesen.*

Ganz links: *Die Zartheit einer Lotosblume auf einem stillen Teich ist typisch für balinesische Gärten, den schönsten in Indonesien.*

Links: *Javaneraffen, eine Touristenattraktion, trifft man überall in Bali.*

Während sich die scheue Banded Pitta im angrenzenden Wald nur selten zeigt, sieht man häufiger diverse Vertreter der Familie der Tauben, so zum Beispiel die Green-winged Pigeon oder die zwei größeren Bronzefruchttauben und Zweifarbenfruchttauben, die an ihrem dröhnenden Ruf unschwer zu erkennen sind.

SULAWESI

Völkerkundler, Geologen, Biologen und Vogelbeobachter sind sich einig, daß Sulawesi eine der faszinierendsten Inseln der Welt ist. Sie ist die größte Insel der Wallacea-Zone, in der sich die biogeographischen Großräume Asien und Australien überschneiden, und aufgrund ihrer Größe und der Verschiedenheit ihrer Landschaftsformen haben sich hier unterschiedlichste Pflanzen, Tiere und Kulturen entwickeln können. Noch in historischer Zeit war die gegenwärtige Insel Sulawesi durch das Meer geteilt. Die Region weist eine komplexe geologische Struktur auf; denn in einigen Gebieten fanden und finden immer noch starke Verschiebungen der Erdkruste statt. In Jahrmillionen haben diese Verschiebungen der Insel ihre ungewöhnliche Form mit den langgestreckten Gliedern verliehen, auf denen sich steile, aktive Vulkane und tiefe Täler aneinanderreihen. Aufgrund dieser Erdverschiebungen könnte Sulawesi in ferner Zukunft auch wieder in mehrere Inseln zerfallen.

Da zwischen Sulawesi und Borneo ein tiefer Seegraben verläuft, war Sulawesi auch während der letzten Eiszeit nicht über Landbrücken mit dem asiatischen Festland verbunden. Daher finden sich hier außerordentlich viele endemische Tier- und Pflanzenarten, wobei die Artenvielfalt der Flora geringer ist als auf Borneo und Sumatra. 61 % der auf Sulawesi vorkommenden Säugetiere und 34 % der Vögel sind Endemiten. Die Zusammensetzung von Flora und Fauna ist auch deshalb faszinierend, weil sowohl Arten asiatischen Ursprungs wie Huftiere und Affen vorkommen als auch drei Beuteltierarten australischen Ursprungs.

Entlang der Küsten und um die vorgelagerten Inseln befinden sich ausgedehnte Korallenriffe mit ungewöhnlichem Artenreichtum. Besiedelt wird die Insel von mehr als 60 ethnischen Gruppen, von den seefahrenden Bugis und Makassar auf der südwestlichen Halbinsel, den Minahasa im Norden und den berühmten Toraja im zentralen Hochland bis hin zu nomadisch lebenden Jäger- und Sammlerstämmen auf der noch kaum bekannten östlichen Halbinsel.

Bunaken Marine National Park

Traumhafte Unterwasserwelt

Die märchenhaften, international bekannten Korallenriffe von Bunaken gehören zu den besten Tauchplätzen Indonesiens – einem Land, das hinsichtlich seiner marinen Artenvielfalt Weltrang besitzt. Der 790 km² große Nationalpark beherbergt mehr als 2500 Fischarten und ist eine wichtige Schutzzone für den Erhalt des Fischbestandes. Der größte Teil des Park umfaßt sechs Inseln vor der Küste von Nordsulawesi, nahe der Provinzhauptstadt Manado. Nur eine der Inseln ist unbewohnt. Unter der Bevölkerung finden sich die Bajau, die früher die meiste Zeit ihres Lebens auf Booten verbrachten. Dort jagten, schliefen und aßen sie und brachten sogar ihre Kinder zur Welt. Unterdessen sind viele von ihnen seßhaft geworden und leben vorwiegend an den Küsten von Sulawesi und der Molukken. Ihre Dörfer sind auf Stelzen über dem Wasser gebaut.

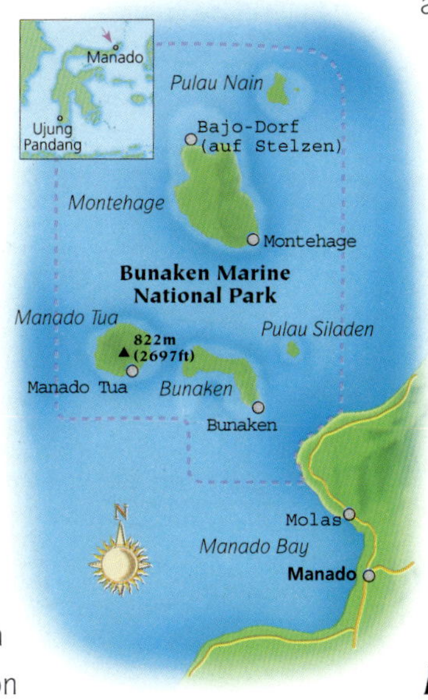

Alle Inseln sind von kreisförmigen Riffen umgeben, die eine schmale, flache Innenseite haben und nach außen hin steil abfallen. Lagunen befinden sich um die Insel Nain, an der Nordküste der Insel Montehage sowie an der Südküste der Insel Bunaken. Weitere bedeutende Lebensräume sind Seegraswiesen, Mangrovenwälder entlang der Küsten von Montehage, Nain und Bunaken sowie tiefe Meeresgräben. Der kleinere Teil des Parks auf dem Festland südlich von Manado ist ein wichtiges Schutzgebiet für nistende Meeresschildkröten und Seekühe.

Die Schichten des Korallenriffs

Ein Schutzwall aus Korallen, der fast bis zur Wasseroberfläche hinaufreicht, bildet die Hauptstruktur eines lebendigen Riffs. Dieser Wall besteht aus robusten Korallen, die sich zu festverwachsenen Skeletten verbunden haben. Auf diesem Gerüst siedeln kleinere und fragilere Korallen, auf denen wiederum Hunderte von anderen Organismen wachsen. Unzählige Fische und Wirbellose verstecken sich in den Nischen und Schlupfwinkeln des Riffs. Andere festsitzende Organismen wie Anemonen bedecken die Unterseiten der Korallenplatten sowie die abgestorbenen Korallenskelette. Der Anteil an riffbildenden Hartkorallen gegenüber Weichkorallen ist an den geschützten Flanken eines Riffs größer; so bestehen die nach Süden weisenden Riffe um Bunaken herum zu 80 % aus Hartkorallen, während dieser Anteil bei Riffen, die stärker der Brandung ausgesetzt sind, auf 50 % absinkt.

Ganz links oben: *Schnorcheln vor der Insel Bunaken.*

Ganz links Mitte: *Die leuchtenden Farben des* Notodoris minor *schrecken Raubfische ab.*

Ganz links unten: *Merkwürdige Riffbewohner – die Aalart Blue Ribbon Eels.*

Gleich links: *Eines der schönsten Unterwassergebiete Indonesiens kann man im Bunaken-Meerespark erkunden.*

Rechts oben: *Die Maori Wrasse ist ein besonders hübscher Vertreter der Lippenfische.*

Seite 96: *Schroffe Bergketten prägen den Horizont von Zentralsulawesi.*

Seite 97: *Der Red-knobbed Hornbill, eine Hornvogelart, spielt eine wichtige Rolle in der Kultur der Minahasa.*

Lage: Kleine Inselgruppe unmittelbar vor der Spitze der Nordhalbinsel Sulawesis, in der Nähe der Provinzhauptstadt Manado.

Klima: Das ganze Jahr über heiß und feucht, höchste Niederschlagsraten November–März, sonst weit weniger Regen.

Beste Reisezeit: Besuche sind während des ganzen Jahres möglich, doch in der Regenzeit, besonders nach Stürmen, kann die Sicht unter Wasser schlecht sein. Mindestaufenthalt von einer Woche ist zu empfehlen.

Anreise: Mit dem Flugzeug nach Manado, von dort kurze Anfahrt zu den Tauchhotels.

Genehmigungen: Werden von den Tauchzentren besorgt. Fotokopie des Reisepasses könnte benötigt werden.

Ausrüstung: Bequeme Strand- und Freizeitkleidung, Sonnenschutz. Schnorchel- und Tauchausrüstung, kann auch vor Ort in guter Qualität gemietet werden.

Einrichtungen: Es gibt mehrere gute Tauchzentren und viele Hotels aller Preisklassen in Manado. Auf der Insel Bunaken bieten kleine Gästehäuser einen »Zurück zur Natur«-Aufenthalt an.

Fauna: Alle Inseln sind von besonders schönen Korallenriffen umgeben; große Vielfalt an Meeresflora und -fauna. Beliebteste Tauchplätze vor der Insel Bunaken, wo eine Steilwand bis auf 1000 m Tiefe abfällt.

Aktivitäten: Tauchen und Schnorcheln. Auch mit Sonnenbaden und Ausspannen an den Stränden der Inseln und des Festlandes kann man sehr angenehm die Zeit verbringen.

Oben und unten: *Die Höhlen und Riffkanten um die Insel Bunaken – eine aufregende Welt für Taucher.*

Die beliebtesten Tauchplätze liegen vor Bunaken, wo das Riff senkrecht bis in 1000 m Tiefe abfällt. Die Topographie dieser Wand bietet dem Taucher, eine Entdeckungsreise in eine unglaublich vielfältige Welt: Sämtliche Flanken, Überhänge, Höhlen und Löcher sind von Meeresorganismen bewohnt. Erfahrene Taucher können die Veränderungen in der Zusammensetzung dieser Riffgemeinschaft mit zunehmender Tiefe beobachten. Da Korallen jedoch konstant warme Temperaturen und Sonnenlicht benötigen, endet das Wachstum in etwa 50 m Tiefe. Kleinere Fische tummeln sich in den höheren Lagen des Riffs, während Rochen, Haie und Napoleon Wrasse auch weiter unten zu sehen sind.

Nächtlicher Glanz unter Wasser

Die unzähligen Farben und Formen eines Korallenriffs sind schon bei Tag erstaunlich, aber erst bei Nacht zeigt sich das Riff in seiner wahren Farbenpracht. Viele Riffbewohner sind nachtaktiv und verstecken sich tagsüber in Höhlen und Spalten. Steinkorallen, die bei Tag glatt und kahl aussehen, können z.B. nach Einbruch der Dunkelheit mit Millionen wehender Ranken bedeckt sein. Ein Grund hierfür ist, daß die meisten Korallenfischarten tagaktiv sind; nachts sind festsitzende Organismen wie die Korallen weniger ungeschützt. Doch auch größere Jäger wie Hummer und Riffmuränen kommen bei Nacht aus ihren Verstecken und spüren mit hochspezialisierten, empfindlichen Antennen oder Geruchsorganen ihre Beute auf.

Zu den farbenprächtigsten Geschöpfen der Nacht gehören die Meeresnacktschnecken. Ihre welligen Körperränder, Hörner und Schwänze heben sich in Leuchtfarben vom Grundton ihres Körpers ab. Die auffälligste unter ihnen ist der Spanish Dance mit einem hellroten Körper und einem »Rock«, der in einem unmißverständlich warnenden Tanz flattert und schwingt, wenn das Tier sich gestört fühlt. Auch Riesenmuscheln und verschiedene Tintenfischarten finden sich bei den Riffen von Bunaken.

An einigen Stellen ist an den Populationen von Kaurischnecken, einem beliebten Souvenir, heftiger Raubbau betrieben worden. Das Schneckenhaus schützt das Tier

vor der Außenwelt, ist aber nur lose am Körper befestigt. Es wird aus Sekreten des Mantels, der äußeren Körperhülle gebildet und besteht hauptsächlich aus verschiedenen Zusammensetzungen von Kalziumcarbonat. Wie die meisten anderen Weichtiere auch, stülpen die Kaurischnecken diese Körperhülle über ihr Schneckenhaus, um kleine Schäden zu reparieren und damit sich keine Krebstiere darauf ansiedeln. Bei Gefahr kann die Körperhülle schnell eingezogen werden. Viele Weichtiere fressen Algen, Polypen und Schwämme und sind völlig ungefährlich – aber einige Arten, die sich von Fischen ernähren, haben einen giftigen Stachel, der dem menschlichen Sammler heftige Schmerzen bereiten kann.

Das Sammeln der gedrehten, spitzen Tritonshörner, die zur Herstellung von Knöpfen verwendet werden, hatte leider den Nebeneffekt, daß die riesigen, stacheligen Dornenkronen, eine Seesternart, einen ihrer wichtigsten natürlichen Feinde verloren haben und sich so ungehindert vermehren konnten, was den Korallenriffen im gesamten Indischen Ozean, einschließlich dem Great Barrier Reef Australiens, immense Schäden zugefügt hat.

Oben: *Die Long-armed Shrimp* (ganz oben) *und die Bat Volute Shell* (darunter) *gehören zu den Meeresgeschöpfen, die man bei Nacht am Riff beobachten kann.*

Rechts: *Ein traditionelles Auslegerkanu, durch Segel verstärkt, gleitet über die stille Bucht von Manado.*

Tangkoko Dua Saudara Nature Reserve

Wo Schopfmakak und »Affengeist« wohnen

Das Naturreservat von Tangkoko Dua Saudara ist das populärste Wildtiergebiet Sulawesis, weil man hier relativ mühelos einige seltene und faszinierende Tierarten beobachten kann. Es liegt nahe bei Manado, der Provinzhauptstadt Nordsulawesis, die Anlaufpunkt für die vielen Touristen ist, die den Meeresnationalpark von Bunaken besuchen wollen. Das Gebiet liegt an der Ostspitze der nördlichen, langgestreckten Halbinsel von Sulawesi und umfaßt 8867 ha unterschiedlicher Lebensräume – vom Korallenriff über Mangroven, Küstenwälder und Grassteppen bis hin zu submontanen und Nebelwäldern. Die beiden höchsten Berge, der Tangkoko mit 1109 m und der Dua Saudara mit 1350 m, gaben dem Reservat seinen Namen.

Der Sulawesi-Schopfmakak

Auf Sulawesi gibt es fünf endemische, schwanzlose Affenarten, die in jeweils unterschiedlichen Gebieten der Insel vorkommen. Die Makaken ernähren sich hauptsächlich von Früchten – insbesondere von Feigen –, verschmähen aber auch zusätzliche Proteine in Form von Insekten, Würmern und Maden nicht. Das Tangkoko-Dua-Saudara-Reservat hat erwiesenermaßen die höchste Makaken-Populationsdichte Asiens, was wohl an der großen Zahl fruchttragender Feigenbäume liegt, die auf den mineralreichen, vulkanischen Böden gedeihen. Obwohl sich einige Affengruppen an die menschliche Präsenz gewöhnt haben, hat das Verhalten der Besucher noch immer erheblichen Einfluß auf den Erfolg der Tierbeobachtung. Laute Besuchergruppen mit aggressiver oder aufdringlicher Körpersprache werden die Makaken vermutlich vertreiben. Daher ist es sinnvoll, sich in Gruppen von maximal fünf Personen langsam und gebückt vorwärts zu bewegen, um die Affen nicht zu stören.

Links oben: *Das Gebiet um die Berge Tangkoko und Dua Saudara wurde 1919 unter Naturschutz gestellt.*

Ganz links unten: *Fächerpalmen mit gewaltigen, runden Blättern wachsen im Dämmerlicht des Unterholzes.*

Gleich links unten: *Über ihre ineinander verflochtenen Stützwurzeln nimmt die Würgerfeige Nährstoffe auf.*

Ganz rechts oben: *Der Sulawesi-Schopfmakak kann im Park leicht beobachtet werden.*

Der Celebes-Koboldmaki

Der andere berühmte Primat, der hier seine Heimat hat, ist der Celebes-Koboldmaki – einer von fünf Koboldmakiarten, deren gemeinsame Merkmale die riesigen Augen, der lange, buschige Schwanz und die überproportional langen Hinterbeine sind. Ihre leichten Körper würden ohne die Hinterbeine und den langen Schwanz in die Hand eines erwachsenen Menschen passen. Makis werden zu den Primaten gerechnet – auch wenn sie zu den primitiven Arten, den Halbaffen, zählen – weil sie flache Fingernägel an Stelle von Krallen haben, und weil ihre nach vorne ausgerichteten Augen ihnen ein stereoskopisches Blickfeld eröffnen. Verschiedene Mythen ranken sich um den nachtaktiven Koboldmaki; einer seiner einheimischen Namen lautet »kera hantu« oder »Affengeist« – gerade so, als wären die Menschen sich

Lage: Die Nordostspitze Sulawesis, 60 km östlich von Manado.

Klima: Das ganze Jahr über heiß und feucht; am meisten Regen zwischen November und März.

Beste Reisezeit: Besuche sind ganzjährig möglich; in der Regenzeit kann der Zugang erschwert sein. Juli und August oft überfüllt. Bleiben Sie über Nacht, um Koboldmakis am Abend und Vögel in den Morgenstunden zu beobachten.

Ausrüstung: Wandersandalen, Sonnenschutz, Fernglas und Regenumhang während der nassen Monate. Eine auf die Kleidung aufgetragene Benzylbenzoat-Lösung hilft, die heftig juckenden Bisse der Buschmilbe zu vermeiden. Am Strand sollte man nicht barfuß gehen, der schwarze Sand kann Verbrennungen verursachen.

Anreise: Mit dem Flugzeug nach Manado und von dort 1–2 Stunden Autofahrt nach Batuputih an der Nordwestseite des Reservats.

Genehmigung: Am Eingang des Reservats erhältlich. Bringen Sie Fotokopien Ihres Reisepasses mit.

Einrichtungen: Mehrere einfache, aber beliebte Gästehäuser in Batuputih, große Auswahl an guten Hotels in Manado. Es gibt verschiedene Rundwege, mehrere kenntnisreiche Parkwärter.

Fauna: Bester Platz für den Sulawesi-Schopfmakak und den Celebes-Koboldmaki. Man sollte vermeiden, die Tiere allzusehr zu stören. Endemische Vogelarten sind gut zu beobachten.

Aktivitäten: Kurze Waldwanderungen, längere Bergwanderungen. Schnorcheln und Baden an den Stränden.

nicht sicher, ob er zur realen Welt oder zum Reich der Geister gehört. In der Tat ist die Fähigkeit der Makis, ihren Kopf sehr weit über die Schulter nach hinten zu drehen, einigermaßen irritierend: Diese Technik hat sich entwickelt, weil ihre großen Augen, die in ihrem Schädel mehr Platz einnehmen als das Gehirn, in den Augenhöhlen kaum Bewegungsspielraum haben. Mit ihren geschickten Fingern fangen die Koboldmakis in den Bäumen Heuschrecken und andere Insekten. Sie leben in kleinen Familiengruppen und kommen in der Dämmerung zum Vorschein. Einige erscheinen jede Nacht und stören sich schon gar nicht mehr am Blitzlichtgewitter der Besucher.

Zwei Kuskusarten, der Bärenkuskus und der kleinere Zwergkuskus kommen ebenfalls im Reservat vor, aber ihre Populationsdichte ist niedrig und sie sind schwierig auszumachen. Diese Beuteltiere leben paarweise und benutzen ihren Greifschwanz als fünftes Glied. Zwar wohnen beide Arten auf Bäumen, nutzen aber unterschiedliche ökologische Nischen: Während der Bärenkuskus tagaktiv ist und sich von Blättern ernährt, ist der Zwergkuskus nachtaktiv und lebt von Früchten.

Oben: *Ein Koboldmaki mit seiner Beute. Auffällig sind die langen schlanken Finger.*

Unten: *An den schwarzen Stränden von Tangkoko lassen die einheimischen Fischer ihre Auslegerboote zu Wasser.*

Unten rechts: *Der Green-backed Kingfisher ist eine endemische Art auf Sulawesi.*

Endemische Vögel

Die große Zahl von Feigenbäumen, die den Makaken zugute kommt, ist vermutlich auch der Grund für die dichte Population von Red-knobbed Hornbills. Dieser große Hornvogel mit seiner leuchtend blauen Kehle und Gesichtshaut und seinem gelben, von einem karmesinroten Höcker gekrönten Schnabel, gehört zu einer von 47 hier

heimischen Vogelarten. Zu den endemischen Arten zählen weiterhin der weit weniger auffällige Tariktikhornvogel, sechs Papageienarten, darunter der Schmucklori, sowie zehn der 13 Sulawesi-Eisvögel. Eine andere wichtige Familie sind die zu den Staren gehörenden Mainas (Atzeln), von denen es auf Sulawesi fünf Arten gibt, vier davon endemisch. Am leichtesten ist der Finch-billed Mynas zu sehen, der in Kolonien in abgestorbenen Bäumen nistet sowie der White-naped Mynas, der wegen seines schwarzen Federkleides mit weißem Kragen und weißer Brust »Priestervogel« genannt wird.

Die Strände und der Vulkan

An den Stränden des Tangkoko-Dua-Saudara-Reservats legen Grüne Meeresschildkröten und Lederschildkröten ihre Eier ab. Die Lederschildkröte ist die größte Meeresschildkröte, ihr Rückenpanzer wird bis zu 2,5 m lang. Auf den Basaltfelsen an der Küste springen Tausende von Schleimfischen umher; sie halten sich mit ihren saugnapfähnlichen Bauchflossen fest und weiden die Felsen nach Algen ab. Ähnlich wie die Mangrovenschlammspringer verbringen sie die meiste Zeit außerhalb des Wassers. Von den Wellen, die sich über den nassen Felsen brechen, werden sie jedoch dauernd benäßt gehalten. Unmittelbar vor der Küste bieten mehrere schöne Korallenriffe gute Schnorchelmöglichkeiten.

Eine dreistündige Wanderung auf den Tangkoko beginnt am Strand und führt durch verschiedene Regionen tropischer Vegetation zum Kraterrand. Der Tangkoko ist ein aktiver Vulkan, der zuletzt erst 1980 ausbrach.

Oben: *In der Dämmerung kann man beobachten, wie die Koboldmakis ihr Schlaflager verlassen.*

Rechts: *Nachdem die Würgerfeige ihren Wirt getötet hat, bleibt ein von Wurzeln umschlungener Hohlraum zurück.*

Bogani Nani Wartabone National Park

Die Erforschung von Wallacea

Der Bogani Nani Wartabone National Park, früher »Dumoga Bone« genannt, wurde in den späten 1970er Jahren zum Schutzgebiet erklärt, um einerseits die Wasserversorgung einer bedeutenden Reisanbauregion zu gewährleisten, andererseits die nahegelegene Stadt Gorontalo und ihre unbewohnte Umgebung vor Überflutung zu schützen. Im nördlichen Sulawesi gelegen, umfaßt der Park auf einer Fläche von 2879 km² sowie in Höhenlagen von 50 bis 1970 m eine breite Spanne von Vegetationstypen: unberührten Flachlandwald, Schwemmlandvegetation, die inzwischen allerdings durch landwirtschaftliche Nutzung stark beschädigt ist, sowie Berg- und Torfwälder. In Toraut gibt es eine Forschungsstation für Studien zur Wallacea-Flora und -Fauna. Außerdem eignet sich der Park hervorragend für Vogelbeobachtungen, denn hier sind die meisten der 96 auf Sulawesi endemischen Vogelarten heimisch.

Links oben: *Die gewaltigen, nach oben wachsenden Hauer des Hirschebers (Babirusa) durchstoßen die Wangen und wölben sich über die Augen.*

Ganz links unten: *Langsam bewegt sich der nachtaktive Bärenkuskus, der zu den Beuteltieren Sulawesis gehört.*

Gleich links unten: *Ein Hammerhuhn-Pärchen hat hier seine Eier im warmen Sand vergraben.*

Rechts oben: *Baumfrösche kommen gerne zu kleinen Wasserlachen, die sich in Astgabeln gebildet haben.*

Schönheit in Gefahr

Ein Sonnenuntergang in Nordsulawesi, bei dem die hintereinanderliegenden Bergketten allmählich im purpurfarbenen Dunst verschwinden, gehört zu den schönsten Anblicken, die die Insel zu bieten hat. Die Berge sind durch vulkanische Aktivitäten entstanden, die im Ostteil der Nordhalbinsel vielerorts noch sehr lebhaft sind: Es gibt Becken mit kochendem Schlamm und häufig ausbrechende Vulkane. Einer von ihnen, der Ambang, ist leicht zugänglich; er befindet sich unmittelbar östlich von Bogani Nani Wartabone und ist seit kurzem ein Naturreservat. Eine zwei- bis dreistündige Wanderung durch Wald und Grasland führt zum Gipfelkrater mit schwefelspeienden Solfataren und Fumarolen.

Das sonderbare Hammerhuhn

Im Park ist eine repräsentative Auswahl von Sulawesis Tierarten heimisch – darunter auch 200 Vogelarten. Zu ihnen gehört das Hammerhuhn, ein Mitglied der australasiatischen Familie der Großfußhühner, die ihre Eier in Haufen verrottender Blätter oder in sandige Erde legen, um sie von der Sonnenwärme oder von unterirdischen, thermischen Aktivitäten ausbrüten zu lassen. Das Hammerhuhn ist überwiegend schwarz mit rosafarbenem Bauch und hat einen merkwürdigen, harten Kopfaufsatz, dessen Funktion unklar ist. Obwohl der Vogel kaum größer als ein Haushuhn ist, sind seine Eier etwa fünfmal so groß wie ein Hühnerei. Die Brutzeit beträgt 2 bis 3 Monate – beim Haushuhn sind es 21 Tage –, und beim Ausschlüpfen ist das Küken bereits viel weiter entwickelt

Lage: Im Zentrum der Nordhalbinsel von Sulawesi, 200 km westlich von Manado.

Klima: Heiß und feucht. Niederschläge sind relativ gleichmäßig über das Jahr verteilt, mit etwas mehr Regen von November bis Januar und von März bis Mai.

Beste Reisezeit: Jederzeit; Aktivitäten können in der Regenzeit etwas eingeschränkt sein. Bleiben Sie mindestens 2–3 Tage.

Ausrüstung: Wandersandalen oder gute Turnschuhe, lange Hosen für Waldwanderungen, Sonnenhut, Regenjacke. In der Regenzeit sind Socken gegen Blutegel nützlich. Fernglas.

Anreise: Mit dem Flugzeug nach Manado; von dort in 4- bis 5stündiger Fahrt nach Westen, über gute Straßen bis nach Doluduo oder Toraut am östlichen Parkende. Zum Westende über Gorontalo und weiter bis Pinogu.

Genehmigungen: Bei einem der Nationalparkbüros in der Nähe von Doloduo oder in Toraut erhältlich. Fotokopien des Reisepasses mitbringen.

Einrichtungen: Nationalpark-Gästehäuser in Doloduo und bei der Forschungsstation von Toraut, hier auch gut markierte Wege.

Fauna: Gute Möglichkeiten, Sulawesi-Vögel einschließlich des Hammerhuhns zu sehen. Sulawesi-Makaken sind recht einfach zu beobachten, schwieriger Kuskusse, Babirusa und Anoa. Große Vielfalt an Pflanzengemeinschaften des tropischen Regenwalds.

Aktivitäten: Vogelbeobachtung, Regenwaldwanderungen, ideal zur Einführung, Vulkanbesteigungen, besonders auf den Ambang-Berg.

Links: *Der Sambahirsch markiert sein Territorium und verteidigt es gegen andere männliche Tiere.*

Unten: *Sulawesi hat die weltweit größte Populationsdichte an Schwalbenschwanzfaltern.*

als sonst bei Vögeln üblich. Hat es sich aus dem Ei befreit und zur Oberfläche durchgegraben, besitzt es bereits ein voll entwickeltes Federkleid und kann sofort in das schützende Unterholz fliegen, wo es ohne Betreuung seitens der Eltern aufwächst. Hammerhühner haben Gemeinschaftsnistplätze, sind aber heute nicht mehr so zahlreich wie früher, weil ihre Eier häufig geraubt werden.

Unten: *Das Sprühwasser des Bohohuto-Wasserfalls ernährt eine ganze Gemeinschaft wasserliebender Pflanzen an seinen Ufern.*

Palmen, Fledermäuse und Krokodile

Bogani Nani Wartabone besteht zum Großteil aus steilen Bergen und Tälern. Die besten Vogelgebiete, aber auch einen schönen, 3 km langen Rundweg, findet man in der Nähe der Forschungsstation von Toraut. Im Unterholz wachsen Rattan- und andere Palmen, wie etwa die Fächerpalme, die riesige, runde Blätter hat. In einem nahegelegenen Untersuchungsgebiet wurde festgestellt, daß fast ein Drittel aller hiesigen Bäume Palmen sind.

Ein ähnliches Bild bietet die Fauna: Zwar sind im Park etwa 110 Säugetierarten heimisch, aber die Hälfte davon machen Fledermäuse aus. Die größten, hier lebenden Säugetiere sind Hirscheber (Babirusa) und Anoa sowie zwei Arten der schwanzlosen Sulawesi-Makaken, nämlich der Schopfmakak im Osten und der Tonkean-Makak im Westen. Celebes-Koboldmaki, Sulawesi-Wildschwein sowie Zwerg- und Bärenkuskus trifft man nicht in allen Teilen des Parks an. Noch vor etwa hundert Jahren gab es in den Flüssen Dumoga und Bone so viele Krokodile, daß die Dörfer zum Schutz von Mensch und Tier mit Bambuspalisaden eingefriedet werden mußten. Heute sind Krokodile leider sehr selten geworden; 1985 wurde im Fluß Bone allerdings noch einmal ein 3,5 m langes Exemplar gefangen.

Die Minahasa und andere Bevölkerungsgruppen von Nordsulawesi sind dafür bekannt, daß sehr viele Tierarten auf ihrem Speisezettel stehen: insbesondere betrachten sie Flughunde, Schlangen, Ratten, Hunde und Wildschweine als Leckerbissen. Letztere sind auch bei den überwiegend christlichen Einwohnern von Manado beliebt.

Togian Islands

Idylle im Golf von Tomini

Die Togian Islands liegen im Golf von Tomini, einer riesigen Bucht, die von drei Seiten durch die Halbinseln Zentral- und Nordsulawesi eingerahmt wird und sich nach Osten hin zur Molukken-See öffnet. Die Inseln liegen über eine Fläche von 1000 km² verstreut in flacher See, nur 1° südlich des Äquators. Sie bestehen aus steilen Kalksteinhügeln bis zu 548 m Höhe. Die tektonischen Aktivitäten sind beachtlich, und auf Una-Una im Westen gibt es sogar einen aktiven Vulkan, der zuletzt im Jahr 1983 ausgebrochen ist. Viele der Inseln haben zerklüftete Uferbereiche mit Mangrovenwäldern, deren Nährboden aus Korallengestein, vulkanischen Ablagerungen, Sand, Lehm und Schlick besteht.

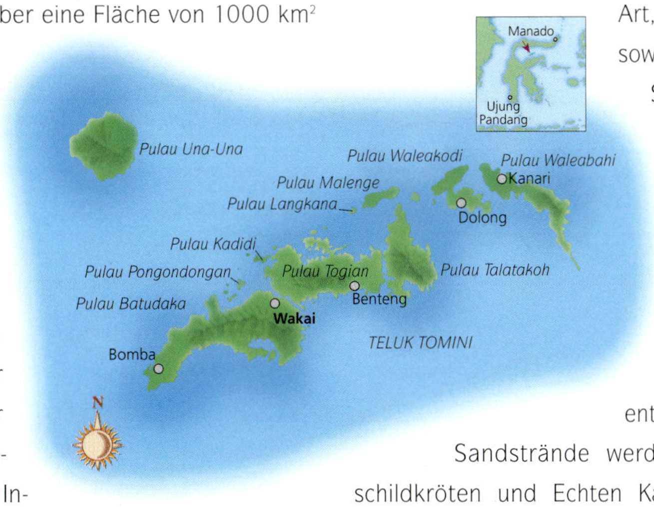

Aus drei Gründen sind die Inseln von Bedeutung: Sie sind eines der letzten Rückzugsgebiete des bedrohten Palmendiebes, sie verfügen über eine endemische Tierwelt und sie beherbergen mehrere Korallenrifftypen. Der Palmendieb ist ein riesiger Land-Einsiedlerkrebs. Nur die Jungtiere tragen Schneckenhäuser. Mit einem Gewicht bis zu 5 kg ist er der größte landbewohnende Gliederfüßler. Er lebt im steinigen Hügelland der größeren Inseln und auf kleinen, vorgelagerten Inseln, wo er sich hauptsächlich von Kokosnüssen und den Früchten der Schraubenpalme ernährt; er verschmäht aber auch Vögel, verfaultes Holz und sogar andere Palmendiebe nicht.

Rechts oben: *Die Togian Islands verfügen über die größte Vielfalt und Dichte an Hartkorallen in Indonesien.*

Obwohl die Palmendiebe unter Schutz stehen, sind sie als begehrte Delikatesse auf den Speisekarten vieler Restaurants in Ternate und Manado zu finden.

Daneben gibt es hier eine endemische Bindenwaran-Art, Hirscheber, Koboldmakis, sowie eine endemische Art des Sulawesi-Schopfmakaks. Seekühe kommen häufig zu den Seegraswiesen rund um die Inseln, große Pythons sind nicht ungewöhnlich und auch Leistenkrokodile gibt es noch – allerdings nur in entlegenen Inselteilen. Einige Sandstrände werden von Grünen Meeresschildkröten und Echten Karettschildkröten als Nistplätze genutzt.

Ein Lehrstück in Riffkunde

Generell gibt es drei Arten von Korallenriffen: das Umrandungsriff, das in flachen Gewässern der Küstenlinie folgend wächst, das Barriereriff, das ebenfalls parallel zur Küste, aber in größerem Abstand verläuft, und das Atoll, ein Ring von Koralleninseln, der eine zentrale Lagune umschließt und als artenreichster Rifftyp gilt. Die Togian Islands beherbergen alle drei und darüber hinaus noch einen vierten Typ: das Flickenriff. Dieses Riff entsteht, wenn sich durch Anhebung von Teilen des Meeresbodens Korallen ansiedeln können und ein tischartiges Riff bilden. Die drei Atolle, die zu den Togian Islands gehören, liegen im Norden der Inselgruppe. Die senkrechten Außenseiten bieten aufregende Taucherlebnisse: Vorherrschend sind die flachen Acropora-Korallen sowie Fächerkorallen und feinverzweigte Korallenstöcke. Spalten und Höhlen in den Wänden wer-

Lage: Inselgruppe im Golf von Tomini, der großen Bucht zwischen den Halbinseln Zentral- und Nordsulawesi.

Klima: Heiß und feucht mit angenehmer Seebrise. Höhepunkt der 7- bis 9monatigen Regenzeit November–März; am trockensten ist es Juni–September.

Beste Reisezeit: Das ganze Jahr über. Aufgrund der geschützten Lage in der großen Bucht ist der Seegang nie sehr hoch. Weite Anreise, daher mindestens 2–3 Tage einplanen.

Anreise: Mit dem Flugzeug nach Palu, weiter auf dem Landweg über Poso nach Ampana an der Nordküste von Zentralsulawesi und von dort aus mit einem Charterboot oder mit der Fähre, die wöchentlich zwischen Poso und Gorontalo (Nordsulawesi) pendelt, bis zum Zwischenstop auf die Togian Islands.

Genehmigungen: Keine.

Ausrüstung: Sonnenhut, Sonnenschutzmittel, leichte Kleidung, Badesachen. Schnorchel- und Tauchausrüstung kann auch vor Ort gemietet werden.

Einrichtungen: Die beste Adresse ist ein kleines Hotel auf der Insel Batudaka. Gästehäuser auf mehreren anderen Inseln.

Fauna: Ausgezeichnete Korallenflora und -fauna an unterschiedlichen Rifftypen. Riesige Palmendiebe und Seevögel.

Aktivitäten: Sicheres Tauchen und Schnorcheln, da keine starken Strömungen herrschen. Sonnenbaden auf idyllischen Inseln; kurze Waldwanderungen und Höhlenbesichtigungen. Die traditionellen Fischerdörfer sind touristisch kaum berührt.

Rechts: *Palmendiebe haben eindrucksvolle Scheren, mit denen die Männchen heftige Ritualkämpfe um ihre Territorien ausfechten.*

den von den schattenliebenden Gemeinschaften der Wirbellosen bewohnt.

Dank der geschützten Lage gibt es hier keine starken Strömungen oder Wellen, daher herrschen das ganze Jahr über gute Sichtverhältnisse. Aufgrund des ruhigen Wassers dominieren Hartkorallen wie die Acropora, die mit ihren geweihartigen Auswüchsen ein verzweigtes Dickicht bildet, das wie ein Sims aus der Riffwand hervorragt. Die Flickenriffe, die direkt unter der Wasseroberfläche liegen und daher stärker dem Wellengang ausgesetzt sind, bestehen größtenteils aus massiven Steinkorallen. Die Riffe um die Togian Islands beheimaten eine großen Vielzahl wirbelloser Tiere: In einer einzigen Untersuchung wurden 115 Arten von Meeresschnecken dokumentiert.

Rechts: *Die Kinder auf den Togian Islands lernen früh, die natürlichen Ressourcen des Meeres zu nutzen.*

Ein kleines Paradies im Norden

Von besonderer landschaftlicher Schönheit ist die nördliche Küstenlinie der Togian Islands: bewaldete Hänge, kleine Klippen aus erodierten, vom Meer unterspülten Kalksteinfelsen, Buchten mit weißen Sandstränden und Kokospalmen, türkisfarbenes Meer vor dunkelgrünen Mangrovenwäldern und winzige Fischerdörfer, deren Einwohner nur selten mit Touristen in Kontakt kommen. In den alten Mangrovenwäldern hat man beste Chancen, Goldmantelpapageien zu Gesicht zu bekommen. Wie nicht anders zu erwarten, sind die Bewohner der Inseln eng mit dem Meer verbunden, leben sie doch hauptsächlich von seinen Ressourcen. Selbst die kleinsten Kinder lernen bereits zu schwimmen und mit Einbaumkanus umzugehen.

Unten: *An der nördlichen Küstenlinie der Togian Islands – dichtes Grün über vom Meer unterspülten Kalksteinfelsen.*

Ganz oben: *Am besten erkundet man die Togian Islands mit einem Tauchboot von Manado aus.*

Oben Mitte: *Ein Long-nosed Hawkfish sitzt auf einem Korallenstock in tieferem Gewässer.*

Gleich oben: *Riesige Orgelpfeifenschwämme kommen auf den Togian-Riffen in beachtlicher Zahl vor.*

Rechts: *Das Unterwasser-Kaleidoskop des Riffs vor Dongala garantiert Forschungsstoff für ein ganzes Leben.*

Lore Lindu National Park

Im Wald der alten Felsskulpturen

Der 2310 km² große Lore Lindu National Park liegt in Zentralsulawesi, südlich der Provinzhauptstadt Palu. Er bietet Besuchern optimale Bedingungen, auf Sulawesi endemische Vögel zu beobachten, und beherbergt daneben bedeutende Populationen anderer Sulawesi-Tierarten. Für die Menschen der Region ist der Park sehr wichtig, denn hier liegen die Quellgebiete der Flüsse, die die umliegenden Felder bewässern.

Der größte Teil von Lore Lindu liegt höher als 1000 m und besteht aus Bergwald, in dem typische Baumarten der gemäßigten Klimazonen wie Lorbeer, Kiefer, Kastanie und Eiche wachsen. In tiefergelegenen Regionen gab es ursprünglich gute Rattanbestände, die aber durch illegales Abholzen stark dezimiert wurden. Von wirtschaftlicher Bedeutung ist auch der majestätische Dammarabaum *Agathis*, der das wertvolle Dammaraharz produziert, einen international gehandelten Rohstoff für Farben und Lacke. Oberhalb von 2000 m ü. d. M. wird die Vegetation subalpin, mit Fingerkraut, Hedyotis und Myrte. Sulawesi stellt das westliche Grenzgebiet für die Verbreitung von Eukalyptusbäumen dar; die einzige Art, die auf der Insel vorkommt, ist *Eucalyptus deglupta*. Der Baum wächst häufig an Flußufern; er fällt auf wegen seiner bunten Borke, die sich vom Stamm ablöst.

Kamaroras Vogelwelt

Die Parkzentrale bei Kamarora ist bekannt, weil die von hier aus zugänglichen Berghänge sämtliche Höhenlagen des Gebiets abdecken. Auf dem Weg zum 2355 m hohen Berg Nokilalaki kann man mindestens vier Atzelarten begegnen: der Fiery-browed Myna, der Short-crested Myna, der Finch-billed Myna und der Weißhalsatzel. Der Yellow-billed Malkoha hüpft und springt wie ein Hörnchen auf mittlerer Baumhöhe. Auch der Ashy Woodpecker bleibt meist dicht bei den Bäumen, während der Purple-winged Roller und der Schmucklori etwas leichter zu sehen sind.

Am Lindu-See

Von Palu aus gelangt man zum großen, wunderschön von bewaldeten Bergen umgebenen Lindu-See, in dessen Umgebung es mehrere kurze Wanderwege gibt; man

Ganz links oben: *Finch-billed Mynas nisten in Kolonien und fliegen in lautstarken Schwärmen über den Wald.*

Ganz links Mitte: *Orchideen wie die* Arundina graminifolia *bilden hübsche Farbtupfer auf dem Waldboden.*

Ganz links unten: *Die gelbe Kehle des Gewöhnlichen Flugdrachens macht seine ansonsten perfekte Tarnung zunichte.*

Links: *Die mysteriösen Felsstatuen in der Region sind Zeugnisse einer versunkenen Kultur.*

Rechts oben: *Der prachtvolle* Eucalyptus deglupta *ist leicht zu erkennen.*

Lage: Im Zentrum von Sulawesi, südlich der Hauptstadt Zentralsulawesis, Palu, westlich von Tentena.

Klima: Das ganze Jahr heiß und feucht, kühler in den Bergen. Regenzeit November–März.

Beste Reisezeit: Trockenzeit; während der Regenzeit können die Wege unpassierbar sein. Wegen der großen Entfernungen müssen mindestens 4 Tage eingeplant werden; besser eine Woche.

Ausrüstung: Wasserdichte Wanderschuhe, da häufige Flußdurchquerungen, Pullover bzw. Jacke für Nächte in höheren Lagen, Sonnenhut, Sonnenschutzmittel, Fernglas.

Anreise: Von Palu auf dem Landweg bis Kamarora (2 Std.) oder Gimpu (3 Std.), von dort in 2- bis 3tägiger Wanderung nach Gintu. Oder von Palu nach Poso und Tentena und von dort im Jeep oder in 1- bis 2tägiger Wanderung nach Gintu. Auf der Trans-Sulawesi-Straße via Tentena.

Genehmigungen: Beim Nationalparkbüro in Palu, Tentena oder im Bada-Tal erhältlich. Fotokopie des Reisepasses bereithalten.

Einrichtungen: Einfache, aber saubere Gästehäuser in Kamarora, private Unterkünfte in Gintu.

Fauna: Endemische Sulawesi-Vögel relativ leicht zu beobachten, besonders bei Kamarora. Mit etwas Glück auch Tonkean-Makaken, Anoas und Babirusa.

Aktivitäten: Hervorragende Möglichkeiten für Vogelbeobachtungen im Nordosten des Parks. Herrliche 2- bis 3tägige Wanderung in das Bada-Tal, längere Wanderungen nach Süden. Alte Statuen im Bada- und Napu-Tal.

Ganz oben: *Besucher des Nationalparks können in den traditionellen Dörfern im Napu-Tal übernachten.*

Oben: *In Ermangelung von Straßenverbindungen zur Außenwelt sind Packpferde die wichtigsten Transportmittel.*

Rechts: *Dichter Regenwald wuchert an den Ufern des Poso-Sees, einem der zahlreichen Seen in der Region.*

Rechts: *Am Ufer des schönen Lindu-Sees wurden mehrere kurze Wanderwege für die Parkbesucher angelegt.*

Oben: *Der scheue Berg-Anoa, der kleinste Büffel der Erde, ist – wie auch der Tiefland-Anoa – auf Sulawesi endemisch.*

Rechts: *Schwalbenschwanzfalter kommen auf der Suche nach mineralischen Salzen auf freigelegten Böden an Flußufern zusammen.*

kann von hier aus auch eine längere Wanderung nach Kamarora unternehmen. Obwohl der Lindu-See nur über einen 17 km langen, bergauf führenden Wander- oder Reitweg von Sidaunta aus erreichbar ist, ist er ein beliebtes Ausflugsziel für einheimische Touristen. Eine Besonderheit des Sees ist der endemische Fisch *Xenopeocilus sarasinorum*, der zu den Schaufelkärpflingen gehört, die ausschließlich in den sulawesischen Seen Lindu und Poso vorkommen.

Die endemischen Huftiere von Sulawesi

Die beiden größten endemischen Säugetiere Sulawesis sind der Anoa und der Babirusa. Der scheue Anoa ist mit seiner Größe von einem Meter der kleinste Büffel der Welt. Er ist dunkelbraun oder schwarz mit hellen Beinen und kurzen, geraden Hörnern. Anoas leben allein oder paarweise in den Wäldern, und wie andere Büffel auch, lieben sie Wasser- und Schlammbäder. Sie sind recht angriffslustig, und selbst Jeeps wurden schon mit Kopfstößen attackiert.

Der Name des anderen berühmten, ebenso seltenen Huftieres, Babirusa, bedeutet wörtlich übersetzt »Schweinehirsch«. Die Eber haben höchst auffällige Hauer: Die oberen Eckzähne wachsen durch die Wangen und wölben sich über die Augen, während die unteren Stoßzähne gerade aus dem Unterkiefer hervorwachsen. Diese Hauer kommen vermutlich im Kampf zum Einsatz.

Auf den Spuren einer alten Kultur

Der gebirgige Charakter von Zentralsulawesi hat es ermöglicht, daß hier kleinste Bevölkerungsgruppen über Jahrtausende hinweg in fast vollständiger Isolation lebten. Mit das Interessanteste im Park sind die zahlreichen Felsstatuen, Relikte einer unbekannten, vergangenen Kultur, auf die man um die Dörfer und in den Wäldern von Lore Lindu stößt. Die größte Ansammlung solcher Skulpturen findet man im Bada-Tal sowie in den Tälern Besoa und Napu. Die meisten Monolithen haben menschliche Gestalt, wie etwa die 1,80 Meter hohe, »Palindo« genannte Statue im Bada-Tal.

Eine andere Tradition, die bereits über Jahrhunderte hinweg praktiziert wird, ist die Herstellung von Rindenstoff. Aus diesem feinen Textil fertigt die einheimische Bevölkerung die unterschiedlichsten Gebrauchsgegenstände an: Decken, Schlafplätze, kurze Männerhosen, Blusen sowie die schwarz eingefärbten, mehrlagigen, gerafften Röcke der Frauen von Zentralsulawesi. Neuere Untersuchungen haben ergeben, daß der Stoff mückenabwehrende Eigenschaften hat.

Packpferdkolonnen besorgen über den Pfad, der an der Westseite des Parks entlangläuft, den Güterverkehr ins Bada-Tal und zu etlichen anderen Dörfern, die bis heute keine Straßenverbindung zur Außenwelt haben. Am Anfang dieses Pfades, in Gimpu, vier Stunden südlich von Palu, kann man eine zwei- bis dreitägige Wanderung starten. Oder man folgt von Tentena im Osten aus einem Zweitagesweg, der in der Trockenzeit auch mit Jeeps befahrbar ist. Unterwegs übernachtet man in traditionellen Dörfern. Ein anderer Weg führt vom Bada-Tal ins Besoa-Tal an der Ostseite des Parks. Hier sind Hörnchen und Tonkean-Makaken, eine Schopfmakakenart, die nur in Zentral- und Nordwestsulawesi vorkommt, zu sehen. Immer wieder verändert sich auf der Wanderung das Panorama auf Regenwald, Berge und den schnell fließenden Lariang-Fluß, dem längsten Fluß Sulawesis, der den Park im Süden begrenzt.

Links: *Überreste einer alten Kultur mitten im Urwald auf Sulawesi – manche der Steinfiguren sind lebensgroß.*

Unten: *Rindenstoff, ein traditionelles Textil der Gegend, findet für viele Zwecke Verwendung, so auch für Röcke und andere Kleidungsstücke.*

Links: *Auf den Wegen durch den Park trifft man häufig auf Gruppen von Tonkean-Makaken.*

Wakatobi Marine National Park

Tourismus und Umwelt im Einklang

Erst kürzlich wurden mehrere Inseln des Tukang-Besi-Archipels vor der Südost-Halbinsel von Sulawesi zum Wakatobi-Nationalpark erklärt. Der Name setzt sich aus den Anfangssilben der vier Hauptinseln des Parks zusammen: Wangi-Wangi, Kaledupa, Tomia und Binongko. Erste Untersuchungen des WWF (World Wide Fund for Nature) haben die Bedeutung dieser kleinen von Riffen umgebenen Inseln bestätigt. Zwei europäische Umweltschutzorganisationen haben Studien zur Artenzusammensetzung der Riffgemeinschaften durchgeführt und mit der einheimischen Bevölkerung Strategien zum Management der Inseln erarbeitet. Ziel ist eine Kombination von Tourismus und Naturschutz: Die Ökotouristen sollen die Daten für die Managementpläne liefern und unmittelbar zum Einkommen der Inselbewohner beitragen.

Im Reich der Unterwasserriesen

Einige Meeresgeschöpfe erreichen gewaltige Größen, wenn sie ungestört bleiben. Oft sieht man bei den Tukang-Besi-Inseln Gruppen der großen, silbrigen Trevallies zum pfeilschnellen Spurt auf ihre Beute ansetzen. Die Napoleon Wrasse, die allein oder in Gruppen die Außenbereiche des Riffs abgrasen, können Längen bis zu 2 m erreichen. Nicht selten trifft man auf Schwertwale (Mordwale), Walhaie und Weißspitzenhaie, die trotz ihrer gefährlich klingenden Namen und des schlechten Rufs, den Haie im allgemeinen genießen, keine Bedrohung für Taucher darstellen. Die Grüne Meeresschildkröte und die Echte Karettschildkröte kommen ebenfalls häufig vor; die Anmut, mit der sie unter Wasser zu schweben scheinen, steht im Kontrast zu ihrer mühsamen Fortbewegung an Land, wenn sie zur Eiablage an die Strände kommen. Auch der Riesenmanta beeindruckt wegen seiner Größe und seiner Eleganz; anders als die meisten anderen Rochen bewohnt er das offene Meer – obwohl er durchaus auch in küstennahen Tauchgebieten zu sehen ist. Da sich der Riesenmanta von Plankton ernährt, das er aus dem Wasser filtert, muß er ständig in Bewegung bleiben, damit das Wasser kontinuierlich durch sein Maul strömen kann. Mit einer Länge von bis zu drei und einer Spannweite von sieben Metern gehört er zu den größten Fischen des Ozeans. Der Riesenmanta ist nicht gefährlich, darf aber nicht mit dem kleineren, bodenbewohnenden Teufelsrochen verwechselt werden, der mit dem Stachel an seiner Schwanzbasis schlimme Verletzungen verursachen kann.

Wohl jeder Taucher, der an der Seite eines dieser Meeresgiganten geschwommen ist, wird ein Gefühl von Ehrfurcht verspürt haben. Nicht minder eindrucksvoll

Links: *Der Riffhang bei Kalelupa beherbergt eine Fülle von Seeanemonen und die mit ihnen symbiotisch lebenden Anemonenfische.*

Ganz rechts oben: *Der endemische Celebes-SpintXX ist eine große Attraktion für Vogelliebhaber.*

Lage: Südöstlich der Südost-Halbinsel von Sulawesi.

Klima: Heiß und feucht. Wenig Niederschlag, hauptsächlich von Dezember bis März.

Beste Reisezeit: In der Hauptregenzeit kann es sehr windig sein. November bis April beste Aussichten, Grindwale zu sehen. Ruhigste Monate zum Tauchen September bis Dezember. Wegen schwieriger Anreise mindestens 4–5 Tage einplanen.

Ausrüstung: Fernglas, Sonnenschutz, Schnorchelausrüstung. Tauchgeräte gibt es nur auf Expeditionen und im Tauchhotel Wakatobi auf Tolandono zu mieten.

Anreise: Mit dem Flugzeug via Ujung Pandang nach Kendari. Dann auf dem Landweg und mit der Fähre zur Insel Buton nach Baubau, von dort aus geht eine Fähre zu den Tukang-Besi-Inseln. Von Kendari aus starten auch Tauchexpeditionsschiffe.

Genehmigungen: Bei Drucklegung noch nicht erforderlich, in Zukunft wahrscheinlich beim Nationalparkbüro erhältlich.

Einrichtungen: Gästehäuser auf der kleinen Insel Hoga vor Kaledupa oder auf Buton, Tauchhotel auf Tolandono vor Tomia; wenn in Zukunft mehr Touristen kommen, werden sich sicher private Gästehäuser etablieren. Ein Hotel- und Tauchschiff bietet »Operation-Wallacea«-Fahrten an.

Fauna: Hervorragende Riffflora und -fauna. Endemische Sulawesi-Vögel auf Buton.

Aktivitäten: Tauchen, Schnorcheln; lohnenswerte Vogelbeobachtungen auf Buton. Besucher können an Naturschutzprojekten teilnehmen.

Rechts: *Ein Teil des Riffs von Kalelupa liegt bei Ebbe frei und präsentiert seine verschwenderische Fülle an Korallen.*

Oben: *An der Riffwand von Südkalelupa trifft der unerschrockene Taucher in größeren Tiefen auf blaues Wasser und üppige Gorgonia-Fächer.*

Rechts: *Die Bewohner der Inseln erzielen ihren Lebensunterhalt ausschließlich aus den Ressourcen des Meeres.*

sind Begegnungen mit Delphinen. Diese intelligenten Tiere sieht man allerdings häufiger vom Boot aus als unter Wasser. Drei Arten sind in indonesischen Gewässer heimisch: der Spinner Dolphin, der an seinen akrobatischen Rückwärtssprüngen zu erkennen ist, der Gewöhnliche Delphin mit schwarzer Schnauze und der Fleckendelphin. Auch die schwerfällige Seekuh oder Dugong kommt hier vor. Sie kann bis 2,5 m lang werden und ist – zusammen mit ihren amerikanischen Verwandten, den Rundschwanzseekühen – das einzige pflanzenfressende Meeressäugetier. Einer ihrer nächsten Verwandten ist der Elefant. Seekühe weiden in kleinen Herden die Blätter und Rhizome von Seegräsern ab, die rund um die Tukang-Besi-Inseln ausgedehnte Wiesen bilden. Überall in Südostasien werden die Seekühe gejagt – wegen ihres Fleisches, ihrer großen Stoßzähne und wegen des Öls, das aus ihrer fetten Haut ausgekocht werden kann. Somit ist ihre Art durch den Menschen sehr gefährdet – zumal sie noch eine sehr niedrige Reproduktionsrate aufweist: Dugongs ziehen nur alle 3 bis 7 Jahre ein Junges auf. Wenn sie in Fischernetze geraten, ersticken Seekühe schnell, weil sie alle ein bis zwei Minuten zum Atmen auftauchen müssen.

Die Vögel von Buton

Die Bemühungen der Umweltschutzorganisationen konzentrieren sich nicht nur aufs Meer, sondern auch auf die Vogelwelt der Insel Buton, nördlich der Tukang-Besi-Inseln gelegen. Hier sammelt man Daten für das Großprojekt »Kukila«, so benannt nach dem javanischen Wort für »Vogel«. Ziel ist, auf der Basis von Planquadraten mit je 324 km^2 Größe eine Datenbank aller in Indonesien heimischen Vogelarten zu erstellen. Buton umfaßt 25 dieser Planquadrate. Zu den wichtigen Arten hier zählen die schwarz-weiße Würkerkrähe, das Hammerhuhn, der Lilac Kingfisher, die Rosenkopf-Fruchttaube, der Celebes-Spint, die Schnarchralle und Erdeulen. Bislang konnten mehr als 150 Arten verzeichnet werden, viele davon auf Sulawesi endemisch. Außerdem leben hier einige der einzigartigen sulawesischen Säugetiere wie der Koboldmaki und der Anoa.

Gleich rechts: *Faßschwämme und Rötlinge findet man an allen Riffen um die Inseln.*

Rechts außen: *Skorpionfische haben giftige Stacheln und passen sich dem Aussehen ihrer Umgebung optimal an.*

Oben: *Traditionell verbringen die Bajau ihr ganzes Leben auf See, aber in den letzten Jahren wurde viele von ihnen in kleinen Küstensiedlungen seßhaft.*

MOLUKKEN

Berühmtheit erlangte die Inselwelt der großen Provinz Maluku als Heimat der Gewürznelken und Muskatnuß, was ihr den legendären Ruf der Gewürzinseln eintrug. Der Gewürzhandel florierte dort schon um 300 v. Chr., doch erst im 16. Jh. entdeckten Europäer den Ursprung dieser aromatischen Pflanzen. Sie galten nicht nur wegen ihrer Würzkraft als wertvoll, sondern wurden auch für medizinische Zwecke genutzt. Nach mehreren erfolglosen Entdeckungsreisen kamen die Portugiesen mit Waffen und Missionaren zu den Molukken und gingen Handelsverträge mit den dortigen Sultanen ein. Noch heute erinnern Überreste vieler über die Region verstreut liegender Befestigungsanlagen und Forts an die jahrhundertelange Herrschaft der Portugiesen, die auch Spuren im kulturellen Erbe der Bevölkerung hinterließ: Der Katholizismus ist auf den Molukken weit verbreitet, und in Tänzen und Trachten, aber auch in der Sprache spiegelt sich die Herkunft der ehemaligen Kolonialherren wider. Anfang des 17. Jh. lösten die Holländer die Portugiesen ab und behielten bis zum Niedergang ihres Kolonialreichs über 200 Jahre später das Gewürzmonopol, ehe es um die Molukken still wurde.

Mit mehr als 1000 Inseln, die im Vergleich zur Landmasse von zehn mal so großen Territorialgewässern umgeben sind, erstrekken sich die Molukken entlang dem Äquator zwischen 1° nördlicher und 9° südlicher Breite. Naturgeschichtlich weisen sie viele faszinierende Aspekte auf. Im Gegensatz zu anderen Gegenden Westindonesiens ist diese Region seit der Unabhängigkeit Indonesiens jedoch kaum noch erkundet worden. In der Reihe historischer Forschungsreisen gehört die des Holländers G. E. Rumphius zu den bekanntesten. Er nahm bereits Mitte des 18. Jh. ausgiebige naturwissenschaftliche Untersuchungen der Flora sowie der Vogel- und Fischfauna auf Ambon und den benachbarten Inseln vor. Erwähnt sei auch Alfred Russel Wallace und seine dreijährige Expedition zu den Molukken Mitte des 19. Jh., bei der er, zeitgleich mit Darwin, aber weitgehend unabhängig von ihm, seine Theorie der natürlichen Auswahl formulierte.

Halmahera

Heimat des Bänderparadiesvogels

Mit einer Fläche von 20 000 km² ist Halmahera die größte Insel der Provinz Maluku. Sie liegt auf beiden Seiten des Äquators zwischen 3° nördlicher und 1° südlicher Breite und hat daher im Jahresdurchschnitt weitgehend gleichbleibende klimatische Bedingungen ohne die langen Regenzeiten, wie sie andere Teile des Archipels prägen. Die ungewöhnliche Form verdankt die Insel ihrem geologischen Ursprung – sie entstand, als vor etwa zwei Millionen Jahren zwei Inseln zusammenstießen. In kolonialer Zeit hieß Halmahera »Gilolo« und gehörte zum Herrschaftsgebiet der Sultane von Ternate, die durch den Gewürznelkenhandel zu Reichtum gelangt waren, bis ihnen die Europäer das Handelsrecht entrissen. Heute sind mehrere Gebiete der Insel geschützte Zonen. Darüber hinaus gibt es Pläne zur Gründung eines Nationalparks in Lalobata auf der nordöstlichen Halbinsel. Vorgesehen ist außerdem die Einrichtung eines Naturschutzgebietes im Bereich des Vulkans Gamkonara, der höchsten Erhebung auf Halmahera. Dadurch möchte man nicht nur die unberührte Regenwaldnatur mit ihrer Fauna, sondern auch bedeutende Wasserreservoirs für die landwirtschaftlichen Nutzflächen an den Küsten sichern.

Halmahera ist vor allem Vogelkennern ein Begriff, ist die Insel doch Heimat des von Wallace entdeckten Bänderparadiesvogels, auch Molukkenparadiesvogel genannt, sowie 23 anderer, nur dort vorkommender Vogelarten. Bis Mitte der 1980er Jahre galt die Insel für Touristen als unzugänglich und kaum erschlossen, doch inzwischen haben sich die Verhältnisse dank der Erschließung durch Wissenschaftler und Vogelkundler gebessert.

Links oben: *Die Wälder Halmaheras beheimaten 24 endemische Vogelarten.*

Ganz links unten: *Schnellwachsende Bodenpflanzen breiten sich an den vulkanischen Sandstränden aus.*

Links unten Mitte: *Auf dem fruchtbaren Waldboden gedeihen verschiedene Palmenarten.*

Gleich links unten: *Die Kragentaube muß auf den Ozeaninseln wenig natürliche Feinde fürchten.*

Ganz rechts oben: *Farbenprächtige Neurothemis-Libellen jagen in den Baumkronen nach anderen Insekten.*

S. 122: *Ein reizvoller Blick aus der Luft auf die Banda-Inseln.*

S. 123: *Ein Schwarm Gelber Schnapper am Korallenriff.*

Ein Tanz in den Lüften

Als Alfred Russel Wallace 1858 Halmahera besuchte, war er über die Möglichkeiten, die ihm die dortige Welt der Vögel und Insekten für seine Studienzwecke und sein Einkommen bot, wenig erbaut. Zu ungünstig erschienen ihm die topographischen Gegebenheiten der zerklüfteten Inselküste mit ihren steilen und dicht bewaldeten Kalksteinfelsen. So verlegte Wallace seine Arbeitsbasis auf die Nachbarinsel Bacan, wo er leichter Forschungsmaterial und Proben sammeln konnte. Dort schließlich entdeckte er den neuen Paradiesvogel, der

Lage: Die zerklüftete Insel liegt in den nördlichen Molukken, östlich von Sulawesi.

Klima: Das ganze Jahr über feuchtheiß. Regenfälle kann es in jedem Monat geben, größte Niederschlagsmengen April–Juli.

Beste Reisezeit: Das ganze Jahr. Da Anfahrt und Inseltouren etwas zeitaufwendig sind, sollte man einige Tage einrechnen.

Ausrüstung: Leichte Kleidung, Sonnen- und Regenschutz, Sandalen und Wanderschuhe, Fernglas.

Anreise: Flug nach Manado oder Ambon, von dort mit dem Kleinflugzeug nach Ternate. Weiter mit der Fähre nach Sidangoli, einem Hafenort im Westen Halmaheras.

Genehmigungen: Nicht erforderlich, doch sollte man immer die wichtigsten Seiten des Reisepasses als Fotokopien mitführen.

Einrichtungen: Während es auf Ternate mehrere Hotels gibt, ist die Infrastruktur auf Halmahera noch nicht so gut entwickelt. In der Nähe von Sidangoli gibt es einige kleine Privatunterkünfte, oder man wohnt bei Einheimischen. Diese bieten sich auch gerne an, die Besucher auf Vogelbeobachtungen zu begleiten. Die Verwaltung der offiziellen Schutzgebiete läßt noch zu wünschen übrig.

Fauna: Interessante Arten, einschließlich des Bänderparadiesvogels, sind hier heimisch.

Aktivitäten: Wegen seiner reichen Vogelwelt ist Halmahera ein Paradies für Vogelliebhaber geworden. Auf Wanderungen durch den tropischen Wald eröffnen sich unerschrockenen Touristen Eindrücke von unberührter Natur; allerdings sind viele Regionen der Insel völlig unerschlossen.

später nach ihm benannt wurde: *Semioptera wallacei*. Kaum größer als eine Amsel, zeigt der Bänderparadiesvogel überwiegend mattgrünes Gefieder, einen metallisch-violett getönten Kopf sowie metallisch-grün gefärbtes Hals- und Brustgefieder. Auffälligste Merkmale des Männchens sind der smaragdfarbene Kragen an seiner Brust, den er eindrucksvoll zu einem Fächer aufspannen kann, und die vier verlängerten weißen Federn an den Schultern. Wer den Vogel beobachten will, sollte sich mit einem einheimischen Führer in den frühen Morgenstunden aufmachen. Bei ihrer Balz hüpfen die Männchen von Ast zu Ast und versuchen, sich gegenseitig mit der Darbietung ihres prachtvollen Gefieders zu übertreffen, um die Aufmerksamkeit der wartenden Weibchen auf sich zu ziehen.

Oben: *Fast die gesamte Weltpopulation des Molukkenhuhns brütet am Strand von Galea.*

Oben rechts: *Das bizarre Schauspiel des Bänderparadiesvogels läßt sich in der Morgendämmerung beobachten.*

Mitte: *Das strahlend grüne Gefieder des Edelpapagei-Männchens bildet einen scharfen Kontrast zum roten Federkleid des Weibchens.*

Vögel im Verborgenen

Die Invisible Rail, eine extrem scheue Rallenart, lebt in den von Sagopalmen bewachsenen Sumpfgebieten und zeigt sich kaum jemals. Genauso selten bekommt man wegen seiner nächtlichen Nistgewohnheiten das Molukkenhuhn zu Gesicht. Im Gegensatz zu anderen Vertretern dieser Gattung, die ihre Eier mit verfaulenden Blättern bedecken, vergräbt dieser Vogel sie am Strand, um sie tagsüber von der Hitze des Sandes ausbrüten zu lassen. Die Eier an den Hauptnistplätzen in Galea im Norden der Insel wurden jahrelang eingesammelt – offensichtlich jedoch ohne schädigenden Einfluß auf die Gesamtpopulation der Vögel. In anderen Gegenden der Molukken hat man beobachtet, daß die Einheimischen die Eier nur aus den oberen Sandschichten ausgraben, was zumindest einen Fortbestand der Population sichert. Ein weiterer Höhepunkt für Ornithologen, wenn auch ebenfalls nur selten gesichtet, ist die Pitta.

Wo Gliederfüßer und Reptilien wohnen

Noch weiß man wenig über die Fauna, die die Höhlen von Maluku bewohnt. Bei einer Untersuchung in der Höhle Batu Lubang (»Steinloch«) im Südosten Halmaheras fand man aber bereits 83 Tierarten: Außer einer Vogel- und zwei Federmausarten entdeckte man vor allem Gliederfüßer – verschiedene Insekten-, Spinnen- und Skorpionarten.

Die dichten Mangrovengürtel an den Küsten beheimaten zudem eine Vielzahl von Vogel- und Reptilienarten, u.a.

Links: *Mit viel Geschick können erfahrene Vogelbeobachter die scheue Pitta aus dem Unterholz locken.*

die Netzpython, die eine Länge von 8 Metern oder mehr erreichen kann und Tiere bis zur Größe eines Schweins erbeutet.

Prachtvolle Schmetterlinge: Schwalbenschwanzfalter

Mindestens zehn Arten von Schwalbenschwanzfaltern sind auf Halmahera beheimatet, auf den Molukken insgesamt finden sich gar 37 Arten dieser Familie, einschließlich des Vogelfalters, der größten Schmetterlingsart überhaupt. Die großartige Vielfalt der Farben und Muster wird übrigens von einer Schicht staubähnlicher Partikel auf den Flügeln erzeugt. Tatsächlich sind es winzige Schuppen – daher auch die lateinische Gattungsbezeichnung *Lepidoptera,* »schuppig geflügelt«, –, die aus Partikeln aus der Luft und Chitin gebildet werden. Fällt Licht auf diese Schichten, entsteht eine wundervoll irisierende Farbwirkung.

Oben links: *Eine Übernachtung im Wald gilt bei unerschrockeneren Besuchern als besondere Erfahrung.*

Oben rechts: *Der herrlich gefiederte Prachtlori sucht in Gruppen auf Fruchtbäumen nach Nahrung.*

Gleich rechts: *Der einzelgängerische Malaienreiher jagt in den von Mangroven bewachsenen Wasserläufen Fische.*

MANUSELA NATIONAL PARK

Dschungel und Dreitausender

Seram ist nach Halmahera die zweitgrößte Insel der Molukken. Hier findet man eine beträchtliche Menge der für das Archipel typischen Flora und Fauna. Über 10 % der Inselfläche sind dank des Manusela-Nationalparks Schutzzone. Der Park erstreckt sich als knapp 1900 km² großer Korridor von der Nord- zur Südküste; in ihm befinden sich auch die höchsten Berge der Insel. Ungewöhnlich vielfältig sind die unterschiedlich hoch gelegenen Vegetationszonen: vom Mangrovengürtel an der Küste über submontanen Regen- und abwechslungsreichen Bergregenwald bis hin zu alpiner Vegetation. Ein mächtiges Kalksteinmassiv, das mit seiner höchsten Erhebung, dem Gunung Binaya fast die Höhe von 3000 m erreicht, durchzieht den Park, der vor allem von Vogelbeobachtern besucht wird.

Die Pflanzenwelt

Seram liegt innerhalb der biogeographischen Zone der Wallace-Linie; seine Flora weist botanische Gemeinsamkeiten mit Regionen in West- und Ostindonesien auf. In den 1980erJahren wurden bei mehreren naturkundlichen Forschungsreisen ca. 700 Farnarten auf Seram gesammelt. Nach Auffassung der Botaniker ist die Flora von Seram enger mit der Neuguineas verwandt, als früher angenommen wurde. Unter den hier vorkommenden Bäumen finden sich zwei *Dipterocarpaceae*, wovon einer aus einer Familie stammt, deren Hauptverbreitungsgebiet in Borneo liegt. Außerdem wächst hier eine Eukalyptusart (*Eucalyptus deglupta*), aus der australasiatischen Zone, was allerdings wenig ist verglichen mit den 300 Arten *Dipterocarpaceae* in Borneo und den rund 450 Eukalyptusarten in Australien. *Eucalyptus deglupta* ist ein kostbarer Baum mit einer herrlichen Rinde, die sich in langen Streifen abschält. Dadurch kommt der gefleckte und gestreifte Stamm zum Vorschein, der wie ein impressionistisches Gemälde in dunklen Pink-, Grün- und Grautönen aussieht. Es gibt auch mehrere endemische Pflanzenarten, u.a. vier Palmen-, acht Rhododendren- und 83 Orchideenarten.

Links: *Seiner topographischen Vielfalt verdankt Seram eine Fülle an Habitaten und Vegetationsformen.*

Ganz rechts oben: *Der farbenprächtige, neugierige Erzlori lebt auf begrenztem Terrain in höhergelegenen Waldzonen.*

Reich der Papageien

Von den im Manusela-Nationalpark registrierten 196 Vogelarten sind 21 endemisch. Bekannt sind der Molukkenkakadu mit weißem Gefieder mit einer leicht lachs- und pinkfarbenen Tönung, sowie drei zu den Familien der Honigfresser und Lederköpfe gehörende Arten; am häufigsten sieht man den Ceramlederkopf. Es gibt elf Papageienarten, u.a. den Edelpapagei, eine auf den Molukken und in Irian Jaya weitverbreitete Art: Das Männchen hat überwiegend grüne, das Weibchen scharlachrote und blaue Federn. Ein auf Seram endemischer Papagei ist der seltene und deswegen leider allzu häufig in Gefangenschaft endende Erz- oder Schwarzkappenlori. Hier lebt auch das bereits erwähnte, am Strand nis-

Lage: Im Ostteil der Insel Seram, nordöstlich von Ambon.

Klima: Feuchtheiß, in höheren Lagen bedeutend kühler. Auf der Nordseite der zentralen Bergkette fallen zwischen Dezember und April die meisten Niederschläge, von Juli bis September ist es am trockensten. Genau umgekehrt verhält es sich auf der Südseite.

Beste Reisezeit: Die Regenzeit sollte man vermeiden. Aufenthaltsdauer 7–10 Tage.

Ausrüstung: Feste Wanderschuhe sind für das unwegsame Gelände unverzichtbar; ferner Sonnen- und Regenschutz, Campingausrüstung, warme Kleidung, Taschenlampe, Kompaß, Reiseapotheke und Fernglas.

Anreise: Flug nach Ambon, weiter mit der Fähre nach Wahai (Nordküste) oder nach Hatumetan (Südküste). Die übliche Route für eine Wandertour verläuft vom Norden durch den Nationalpark hindurch zur Südküste; andersherum ist es ebenso möglich.

Genehmigungen: Sollten vom Büro des Nationalparks in Ambon eingeholt werden. Fotokopien der Paßseiten mitnehmen!

Einrichtungen: Mit Ausnahme kleiner Unterkünfte in den Städten wird innerhalb des Nationalparks gecampt. Ein örtlicher Führer ist unerläßlich.

Fauna: Hier bieten sich ausgezeichnete Gelegenheiten, die endemische Vogelwelt der Molukken zu erleben. Außerdem sehr interessant ist die aus asiatischen und australasiatischen Vegetationszonen stammende Flora.

Aktivitäten: Vogelbeobachtungen. Lange Trekkingtouren; gute Kondition erforderlich!

Links unten: *Der putzige Tüpfelkuskus lebt auf Bäumen; nachts wird er aktiv und sucht sich Blätter, Früchte und Rinde zum Fressen.*

Oben links: *Die gut getarnten Jungen des flugunfähigen Kasuars sieht man kaum auf dem Boden.*

Rechts oben: *Bei Sammlern und Fotografen begehrt sind die Schmetterlinge von Manusela, ob sie zur* Nymphaliden- (ganz oben) *oder Vogelfalter-Familie* (darunter) *gehören.*

Links Mitte: *Der unverwechselbare Kakadu mit seinem lachsfarbenen Kamm kommt nur auf Seram vor.*

tende Molukkenhuhn, das seine Eier nachts legt, sowie sein Verwandter Forsten's Megapode. Serams größter Vogel ist der riesige, jedoch flugunfähige Kasuar, eine vermutlich schon früh aus östlichen Regionen eingeführte Art.

Da es nie eine Landverbindung zwischen Seram und irgendeinem größeren Festland gegeben hatte, konnte sich die Tierwelt nur in begrenztem Maße entwickeln. So leben hier zwar beispielsweise 28 Fledermausarten, insgesamt aber nur acht einheimische Säuger; neben fünf Nagetieren auch drei Beuteltiere: der Wollkuskus und der Tüpfelkuskus – vor Urzeiten wahrscheinlich von Polynesiern mitgebracht – und der Ceramlangnasenbeutler, dessen Rückzugsgebiet in den Bergen, ab einer Höhe von 1800 m liegt. Der Park ist das einzige Gebiet der Nord- und Zentralmolukken, wo diese Art vorkommt. Die übrigen Säugetiere sind eingeführte Arten, wie etwa der Tangalunga oder der Fleckenmusang.

Bei Sammlern sehr begehrt sind die einheimischen Schmetterlinge. Der größte ist *Ornithoptera goliath*, eine Vogelfalterart, der Höhen ab 700 m bevorzugt. Vogelfalter gehören zur Familie der Schwalbenschwänze, von denen mindestens neun Arten und der endemische *Graphium wallacei* auf Seram heimisch sind.

Die hier zu findenden Reptilien und Amphibien sind weniger asiatischer Herkunft, sondern meist den Arten aus dem Raum von Australien und Papua-Neuguinea zuzuordnen. Da Reptilien lange Strecken auf dem Wasser besser zurücklegen können als Amphibien, sind sie stärker vertreten, wie etwa die Eidechsen (v.a. Glattechsen). Die Netzpython kommt hier, an der östlichen Grenze ihres Verbreitungsgebiets, ebenso vor wie die Amethystpython, deren Gebiet sich westlich anschließt.

Die Menschen von Manusela

Im Zentrum des Parks liegt, von drei Seiten durch hohe Kalksteinberge begrenzt, das Tal von Manusela. Hier siedelt einer der indigenen Stämme Serams, die Nuaulu, deren »Markenzeichen« eine auffällige rote Kopfbedeckung ist. Die Nuaulu waren ursprünglich an den Küsten seßhaft, wurden dann aber durch Einwanderungswellen immer mehr ins Inselinnere abgedrängt. Noch bis vor einigen Jahrzehnten lebten sie relativ isoliert in abgelegenen Bergregionen und Wäldern. Ihr tradiertes Wissen über den Regenwald haben sich die Angehörigen dieses Naturvolks lebendig erhalten und nutzen es heute noch bei der Nahrungssuche und der Jagd.

Durch dieses Tal führt auch die Haupt-Trekkingroute, eine schwierige, etwa einwöchige Tour an einem alten Handelsweg entlang. Diese Route wird auch üblicherweise von den zahlreichen Forschungsexpeditionen genutzt. Der südliche Abschnitt zwischen Manusela und Hatumetan ist extrem steil und anstrengend, ebenso wie die viertägige Nebenstrecke zum 2850 m hohen Gunung Binaya. Doch der Aufstieg lohnt, denn der Blick vom kargen Gipfel des Berges aus ist einfach grandios.

Oben: *Weber's Sailing Lizard – nur eine der unzähligen Reptilienarten, die auf der Insel leben.*

Unten: *Sowohl die Einheimischen als auch naturwissenschaftliche Expeditionen benutzen die alten Handelspfade zwischen Nord-Südküste.*

Banda Islands

Inseln am Ende der Welt

Heute kann man kaum glauben, daß diese kleinen, beschaulichen Inseln in den Zentralmolukken einst Brennpunkt eines weltweiten Machtkampfes zwischen den europäischen Seefahrernationen waren, als es um die Kontrolle des internationalen Handels mit Muskat und Gewürznelken ging. Muskat stammt ursprünglich vom Bandaarchipel. Als Speisegewürz wird die innere, etwa pflaumengroße Nuß noch heute verwendet. Die getrocknete, faserige rote Samenschale der Nuß ist als Muskatblüte bekannt. Die ansässige Bevölkerung legt die äußere weiche Schale in Zucker ein und macht daraus Bonbons.

Auch wenn die Gewürzinseln vor zwei Jahrhunderten aus dem Blickpunkt der Geschichte rückten, sind einige der Inseln vom Flair der Vergangenheit umweht. Sehenswert sind vor allem das architektonische Erbe und das eindrucksvolle Fort Belgica auf der Hauptinsel Banda Neira – Zeugnis einer Zeit, als sich die reichen Muskatpflanzer und -händler durch Befestigungsanlagen schützen mußten. Eine kuriose Episode während der Auseinandersetzungen zwischen den Holländern und Engländern verbindet sich mit dem Tausch zweier Kolonialbesitzungen: England trat die begehrte Gewürzinsel Run an die Niederlande ab und erhielt dafür in einer sumpfigen Insel vor der Küste Neuenglands eine lukrative Immobilie – später besser bekannt unter dem Namen Manhattan.

Eine ruhige Vogeloase

Auf der Schiffsreise zu den Bandainseln kann man unterwegs verschiedene Seevögel sehen, etwa Fregattvögel, Tölpel und Seeschwalben. Die Inseln beheimaten auch einige seltene Arten, die man hier jedoch leichter als irgendwo anders zu sehen bekommt, u.a. *Crimson Myzomela*, einen Honigfresser, sowie die Blauschwanz-Fruchttaube. Letztere ist in Ostindonesien heimisch, ernährt sich von den Früchten des Muskatbaumes und spielt somit eine bedeutende Rolle in dessen Lebenszyklus.

Bewaldet ist vor allem Banda Besar, die größte der neun Inseln. Halbmondförmig, liegt sie unweit südlich der Hauptinsel Neira und der Vulkaninsel Gunung Api. Der 676 m hohe, aktive Vulkan von Gunung Api hatte 1988 seinen letzten größeren Ausbruch. Heue kann man ihn besteigen. Seine jetzige Größe ist allerdings nur ein schwaches Abbild des mächtigen Vulkanmassivs, das hier einst in vorgeschichtlicher Zeit aus dem Indischen Ozean ragte – bis sich die Urgewalten der Erde in einer gewaltigen Eruption entluden und die zersplitterten Landflächen zurückließen, die den heutigen Archipel der Bandas bilden.

Auf einigen Inseln, wie Run und Ai, findet man hübsche Strände und kleine Dörfer, in denen Einheimische

Ganz links oben: *Grüne, solitäre Seescheiden tummeln sich bevorzugt dort, wo stärkere Strömung vorherrscht.*

Ganz links unten: *Exotische Christbaum- und Röhrenwürmer überziehen die Riffe der Insel Run.*

Gleich links: *Ein traditionelles Boot vor Banda mit einer ganzen Schiffsladung voller Gewürznelken und Muskat.*

Ganz rechts oben: *Die mit Seesternen verwandten Haarsterne findet man in großer Fülle auf den Bandainseln.*

Lage: Eine kleine Inselgruppe in den Zentralmolukken, 150 km südöstlich von Ambon.

Klima: Feuchtheiß. Die niederschlagsreichsten Monate sind Dezember und Januar sowie Juni bis August, wenn die Monsunwinde drehen.

Beste Reisezeit: Das ganze Jahr über, doch in den Regenmonaten ist das Meer aufgewühlt, was die Sicht beim Tauchen erschwert.

Ausrüstung: Schnorchel- oder Tauchausrüstung, leichte Kleidung, Sonnenschutz, Fernglas für Vogelbeobachtungen. Das Fluggepäck ist auf 10 kg begrenzt, so daß die Tauchausrüstung vor Ort gemietet werden muß.

Anreise: Mit dem Flugzeug nach Ambon und von dort mit einer Propellermaschine oder mit der Fähre nach Banda Neira.

Genehmigungen: Keine erforderlich, doch Paßkopien sind mitzunehmen.

Einrichtungen: Es gibt ein Mittelklassehotel und einige kleine Hotels und Pensionen. Ein Boot läßt sich problemlos mieten, Tauchausrüstungen kann man aber nur als Gast mancher Hotels leihen. Da es keine anderen Anbieter gibt, ist Tauchen hier vergleichsweise teuer und steckt noch in den Kinderschuhen.

Fauna: Phantastische Riffe mit einer überwältigenden Vielfalt von Korallen und Fischen. Banda Besar bietet die besten Möglichkeiten zur Beobachtung endemischer Arten und Seevögel.

Aktivitäten: Besonders beliebt ist Tauchen und Schnorcheln. Besichtigung der Kolonialarchitektur, Vogelbeoachtungen, Besteigung des Vulkans Gunung Api.

Rechts: *Das Hauptor des 1611 gebauten Fort Belgica auf der Insel Banda Neira – Zeugnis der holländischen Kolonialzeit.*

Unterkünfte anbieten. Oft stört kein Laut das leise Rascheln der Palmen, wenn eine warme Brise vom Meer weht. Dank der unverschmutzten Luft kann man hier brillante, sternenklare Nächte erleben.

Ein Königreich unter Wasser

Das Besondere der Bandainseln ist der Reichtum ihrer Unterwasserfauna. Hier gibt es keine Schwerindustrie, das Wasser ist kaum durch Boote verschmutzt und ein traditionell schonender Umgang mit den Riffen läßt sogar den Korallenkranz um die Hauptinsel Neira ungefährdet erscheinen. Daß hier optimale Bedingungen für das Unterwasserleben herrschen, wurde von Wissenschaftlern bestätigt, so daß man zwei Wasserschutzzonen einrichtete. Von den zahlreichen Tauchplätzen liegen die beliebtesten vor Sjahrir, Ai, Run, Banda Besar und Hatta.

Hier lassen sich die unterschiedlichsten Riffe erkunden, flache oder tief abfallende mit teilweise starker Strömung. Die Populationen der Riffische gehören zu den großartigsten des Landes, hier leben große Bestände von Fusiliers, Bandfischen, Meerengeln, aber auch Borstenzähner, Batfish, Rochen, Schnepfenfisch, Papageifisch, Sweetlips, Lipp- und Drückerfisch. Hier werden große Thunfische gejagt und als »Sashimi« serviert.

Unter Wasser breitet sich die faszinierende Welt des Rifflebens in ihrer ganzen Schönheit aus: Kleine Lippfische und Garnelen leben in Symbiose mit größeren Fischen, die sich ihre Zähne und Schuppen von Nahrungsresten und Parasiten reinigen lassen. Wundervolle Seelilien (Haarsterne) lassen ihre faserige Oberfläche in der Strömung treiben, um Plankton aufzunehmen, und die bunten Christbaumwürmer, die sich in eine baumähnliche Form entrollen, verkriechen sich zum Schutz gegen Feinde in die Korallen, wo sie einen Blitz abgeben, sobald sie bedroht werden. Tatsächlich ist der Kampf um Lebensraum und Nahrung in den Korallenriffen unbarmherzig. Die vielen strahlenden Farben und reichen Muster erfüllen daher häufig auch den gleichen Zweck wie die von Korallen und Anemonen ausgeschiedenen giftigen Substanzen: sie schützen die Bewohner des Riffs vor ihren Feinden. Es gibt wohl kaum einen geeigneteren Platz als die Unterwasserwelt der Bandainseln, um diesen komplexen Prozeß zu beobachten.

Tauchregeln beachten

Grundsätzlich sollte man jede geliehene Tauchausrüstung gründlich auf ihre Sicherheit hin überprüfen. Gerade in starken Strömungen ist man versucht, sich an den Korallen festzuhalten, doch das könnte nicht nur dem Taucher selbst, sondern auch dem Organismus des Riffs empfindlichen Schaden zufügen! Obwohl der Tourismus eine bedeutende Einnahmequelle werden könnte, sollte man die Insulaner keinesfalls dazu ermutigen, Korallen und andere Schätze des Meeres zu verkaufen.

Ganz links Mitte: *Die Orchidee,* Dendrobium anosmum, *kommt häufig auf den Bandainseln vor.*

Ganz links unten: *Die Blauschwanz-Fruchttaube ist ein Vogel, der sich in Muskatpflanzungen besonders wohl fühlt.*

Gleich links: *Viele Riffe der Bandas liegen im seichten Wasser und bieten ideale Möglichkeiten zum Schnorcheln.*

Rechts: *Eine typische Struktur von Schüsselkorallen, Weichkorallen und Haarsternen, die von Cardinal und Anthia Fish umschwärmt werden.*

Links: *Racoon Butterflyfish sind paarweise oder in kleinen Gruppen zu finden.*

NUSA TENGGARA

Die Inseln, die die Provinz Nusa Tenggara ausmachen, bilden die Verlängerung des großen Bogens, den Sumatra, Java und Bali entlang des Äquators formen. Nusa Tenggara macht nur 4,5 % der Landfläche Indonesiens aus. Die Inseln, die früher als Kleine Sunda-Inseln bekannt waren, haben aber eine eigene geologische Geschichte und liegen in einer anderen Klimazone als die Inseln des westlichen Indonesiens.

Die Unterschiede in der Fauna der Kleinen und der Großen Sunda-Inseln (Sumatra, Borneo und Java) sind offensichtlich. Der Hauptgrund dafür ist die tiefe Meeresstraße zwischen Bali und Lombok, die während der Eiszeit, als der Wasserspiegel bedeutend niedriger lag, nicht austrocknete und so die Wanderung der Tiere vom asiatischen Festland gen Osten stoppte. Die Grenze zwischen den beiden Regionen ging als »Wallace-Linie« in die Geschichte ein, genannt nach dem britischen Naturforscher Alfred Russel Wallace, der die markante zoogeographische Linie im 19. Jh. als erster erforschte. Während die Fauna Balis starke Ähnlichkeit mit der Tierwelt Javas aufweist, überraschen in Lombok Vögel wie Papageien oder Honigfresser, die weiter westlich unbekannt sind. Je weiter östlich man reist, desto stärker ähnelt die Vogelwelt der australischen.

Die restliche Tierwelt zeichnet sich nicht durch besonderen Reichtum aus, sieht man einmal von der größten Echse der Erde ab, dem Komodo-Waran. Unter den Meerestieren sind die Schildkröten, Rochen, Haie und Wale von besonderem Interesse. Da die Inseln vermutlich nie mit einer größeren Landmasse verbunden waren, müssen die einheimischen Säugetiere und Reptilien vor Millionen von Jahren auf dem Luftweg oder dem Seeweg hierher gelangt sein. Weitere Säuger wie Schweine, Makaken, Rotwild und sogar Zibetkatzen und Hörnchen wurden wohl vom Menschen als Haustiere importiert.

Gunung Rinjani National Park

Heilige Quellen und ein Berg der Götter

Der höchste Punkt der Insel Lombok, der Gunung Rinjani mit seinen 3726 m ist gleichzeitig der dritthöchste Berg Indonesiens. Bei der Wasserversorgung der Insel kommt dem Rinjani-Massiv größte Bedeutung zu, denn sämtliche Flüsse der Insel entspringen an den Hängen des Rinjani und versorgen die Naßreisfelder im Tiefland mit Wasser. Gleichzeitig schirmt das mächtige Massiv Regenfälle nach Südosten hin ab, wo wesentlich weniger Niederschläge fallen als im Norden und Westen der Insel. Das geschützte Areal macht 41 330 ha aus, eine relativ kleine Fläche für einen Nationalpark, aber eine Erweiterung um 76 000 ha nach Westen und Osten ist geplant.

Ein abwechslungsreicher Weg

Dem Gunung Rinjani mit seiner Fülle an Pflanzen der gemäßigten Zonen und an subalpinen Pflanzen ist es zu vedanken, daß Lombok innerhalb Nusa Tenggaras nach Timor die zweithöchste Zahl endemischer Pflanzen aufweist. An der Nordflanke des Vulkans herrscht die klassische Vegetation des immergrünen Regenwaldes vor. Im tiefer gelegenen Montanwald, in 1200 bis 2100 m Höhe, sind *Podocarpus* und *Engelhardia* die beherrschenden Vertreter unter den Baumriesen, die oft von verschiedenen Orchideenarten (Corybas, Corymborkis und Malaxis) sowie anderen Epiphyten und Lianen überwuchert sind. Riesige Farnwedel dominieren das Unterholz. Seltsame Pilze überwuchern tote Baumstämme. Auf einer Höhe von 2100 bis 2700 m sind Kasuarinen die Hauptvertreter der Baumwelt. Jenseits der Baumgrenze durchziehen Kämme und Felsen aus Lavagestein das Gelände, überwachsen von kälteresistenten Moosen und Flechten, die Collagen auf den Gesteinsblöcken zu formen scheinen. Wie in vielen anderen Gebirgsregionen in Indonesien wächst auf dem Rinjani *Anaphalis viscida,* eine Edelweißart. Sie gilt als Glücksbringer, kein Wunder also, daß Sammler die Bestände dezimiert haben.

Den Mittelpunkt des Bergmassivs bildet eine riesige Caldera, die in ihrer Ost-West-Ausdehnung 8 km, in der Nord-Süd-Ausdehnung 5 km mißt. Der Gipfel des Rinjani liegt oft hinter Wolken verborgen, aber an klaren Tagen kann man morgens bis zum Gunung Agung auf Bali im Westen und zum Gunung Tambura auf Sumbawa im Osten blicken. In 2030 m Höhe, 200 m unterhalb des Calderarandes, liegt der nierenförmig geschnittene Kratersee Segara Anak mit einer Oberfläche von 1125 ha

Links: *Die Wanderung zum Kraterrand des Gunung Rinjani führt den Besucher durch mehrere Vegetationszonen.*

Rechts oben: Ficus aurantiaca *gedeiht auf dem Waldboden und bringt eine farbenfroh gemusterte Frucht hervor.*

Vorhergehende Seiten: S. 136: *Die Landschaften Nusa Tenggaras markieren den Übergang zu den trockenen Tropen Indonesiens und zu einer Fauna mit eher australischen als asiatischen Einflüssen.*
S. 137: *Steinkorallen.*

Lage: Nördliches Lombok.

Klima: Trockenzeit April–Oktober, regenreiche Monate Dezember–März.

Beste Reisezeit: Während der Trockenzeit; in der Regenzeit sind die Pfade glitschig, die Sicht ist beeinträchtigt. Viel Betrieb an Wochenenden, Feiertagen und zum Vollmond. Je nach Ziel (Gipfel, See oder Kraterrand) müssen 2–4 Tage veranschlagt werden.

Ausrüstung: Robuste Trekkingschuhe, Sonnenschutz, warme Bekleidung für die Nacht, Campingausrüstung (kann ausgeliehen werden, bzw. ist bei organisierten Touren inklusive).

Anreise: Flugzeug oder Fähre nach Lombok, dann über Land nach Bayan oder Senaru (im Norden des Parks) oder nach Sapit (im Osten).

Genehmigungen: Erteilt die Nationalparkbehörde am Eingang zum Park bzw. wird bei organisierten Reisen vom Führer besorgt. Kopien des Reisepasses erforderlich.

Einrichtungen: Einfache Gästehäuser in Senaru. Im Park einfache Unterstände entlang des Weges und ein Zeltplatz am Segara Anak.

Fauna: Das Landschaftserlebnis und der Blick in den Krater sind überaus beeindruckend, die Tierwelt ist abgesehen von Vögeln und einigen Affen dagegen nicht erwähnenswert.

Besucheraktivitäten: Die Besteigung eines der höchsten und heiligsten Vulkane Indonesiens, das Naturerlebnis und die Aussicht sind die Hauptmotive für den Besuch des Nationalparks. Der Aufstieg erfordert eine gute Kondition.

Oben: *Flughunde kann man in Kolonien an Ästen hängend beobachten. Oft legen sie große Distanzen zurück, um Nahrung an Obstbäumen zu suchen.*

und einer Tiefe von 160 m. Die künstlich wirkende blaugrüne Farbe des Sees ist durch den hohen Gehalt an Schwefel und anderen Mineralien bedingt. Am Ostufer des Sees, 400 m über der Seeoberfäche, erhebt sich die Spitze des jungen Vulkans Batujai. Er spuckte 1994 plötzlich Gesteinsbrocken, Asche und Lava und brachte den See zum Überlaufen.

Das Wasser des Segara Anak läuft im Norden in einen Fluss ab, der zunächst gemütlich zwischen bemoosten Felsen hindurchplätschert, bevor er an Geschwindigkeit gewinnt, um über den Saum einer Klippe als Wasserfall hinabzustürzen. In der Nähe liegt Goa Susu (»Milchhöhle«), wo heiße Unterwasserströme austreten, die gelbliche Spuren von Schwefel an den Wänden zurücklassen. Um den See herum gibt es eine ganze Reihe von heißen Quellen, denen die Einheimischen heilende Wirkung nachsagen.

Gipfel der Götter

Die Ehrfurcht der Bewohner Lomboks vor den vulkanischen Kräften im Mittelpunkt ihrer Insel spiegelt sich in den Erzählungen rund um den Berg wieder. Die beiden wichtigsten ethnischen Gruppen der Insel, die Balinesen (Hindus) und die Sasak (hauptsächlich Muslime) haben tiefen Respekt vor dem Rinjani. Die Balinesen halten ihn für den Sitz der Götter und vermuten auf dem Berg und rund um den Kratersee den Aufenthaltsort der Seelen ihrer Vorfahren. An besonderen Feiertagen und in Vollmondnächten besteigen Familienverbände und Dorfgemeinschaften den Berg, um zu meditieren und Reis und billigen Schmuck als Opfergaben für Götter und Geister in den See zu werfen.

Lomboks Tierwelt

Es gibt kaum endemische Tiere auf Lombok, denn von den Affen, Hörnchen, Zibetkatzen und anderen Arten wie Wildschweinen und Rotwild nimmt man an, daß sie importiert wurden. Das einzige Raubtier auf der Insel ist die weitgehend nachtaktive Bengalkatze, die ungefähr die Größe einer Hauskatze erreicht. Über weite Teile Asiens verbreitet, gehört sie zu den anpassungsfähigsten Arten und akzeptiert ein weites Spektrum an Tieren als Beute.

Fast 80 % der über 50 verschiedenen Arten von Säugetieren auf Lombok sind Fledertiere, darunter Hufeisennasen-Verwandte und Falsche Vampire sowie 16 Arten von Flederhunden (darunter Flughunde). Es gibt zwei Arten von Affen: den gewöhnlichen Makaken und den höchst anpassungsfähigen Javaneraffen, der sogar in den höheren Regionen des Rinjani zu finden ist, und

Links: *Bengalkatzen sind flexible Raubtiere, die auch zahlreiche kleine Tiere zu ihrer Beute zählen.*

Oben: *Wildschweine wurden von steinzeitlichen Siedlern vor rund 8000 Jahren eingeführt.*

Rechts: *Friedliche Stimmung am Segara Anak.*

den dunkleren und leichter gebauten Java-Lutung, einen Schlankaffen. Weiterhin findet man 40 Arten von Reptilien, darunter mehrere Geckos, einen Flugdrachen, Skinks und diverse Schlangenarten, darunter die Netzpython *(Python reticulata),* die in ganz Westindonesien zu finden ist.

Ein interessantes Vogelrevier findet man nur in der Nähe des Dorfes Sapit, am Osthang des Rinjani. Hier können Vögel wie der White-shouldered Triller, der Südsee-Laubsänger und der Short-tailed Starling beobachtet werden.

Links: *Die heißen Quellen bei Sapit gelten den Bewohnern der Insel neben anderen Quellen in der Bergregion als heilig.*

Komodo National Park

Die Insel der gelbzungigen Drachen

Der Komodo National Park wurde 1980 eröffnet, 1989 wurden Komodo und die kleineren Nachbarinseln Rinca und Padar von der UNESCO zum Kulturerbe der Menschheit erklärt. Der Park umfaßt 219 000 ha, dazu gehören auch weite Meeresareale, die im Prinzip ein Meeresreservat bilden. Die Landschaft ist öde und gebirgig mit wenigen flachen Abschnitten. Da auch Trinkwasser knapp ist, sind die Inseln nur dünn besiedelt. Lediglich auf Komodo und Rinca gibt es kleine Siedlungen.

In den Laubwäldern herrschen *Sterculia foetida* sowie Tamarindenbäume vor. Lontarpalmen und kleinere *Zizyphus mauritiana* sind die charakteristischen Bäume der Savannenregionen. Orchideen klammern sich an die Palmen und bringen schmucke Zweige mit tiefroten Blüten hervor. Riesige Spinnen, deren Beine eine Spannweite von mehr als 25 cm erreichen, spinnen ihre langen, klebrigen Netze zwischen sämtlichen Ästen.

In den Flußtälern und auf einigen Bergen gibt es noch Reste immergrünen Waldes. Auffällig am Gunung Satalibo und Gunung Ara – den mit 735 bzw. 720 m höchsten Erhebungen im Nationalpark – sind die bemerkenswerten Unterschiede zwischen dem heißen, trockenen Anstieg durch Grasplateaus und über steile Hänge bis zu einer Zone tiefgrüner Vegetation mit bemoosten Felsen und Wasserpfützen, die in Felsspalten zurückgeblieben sind. Vom Gunung Ara aus genießt man einen grandiosen Blick über weite Teile der Inselkette zwischen Sumbawa und Flores.

Die letzten Drachen

Der riesige Komodo-Waran – die schwerste Echse der Welt – wurde erst 1912 wissenschaftlich erforscht. Man nimmt an, daß das beeindruckende Tier, das eine Länge von 3 m und ein Gewicht von 150 kg erreichen kann, von einem riesigen australischen Waran abstammt, der vor 30 000 Jahren lebte. Etwa 4000 Exemplare des Komodo-Warans leben heute noch innerhalb des Parks, die meisten auf der Hauptinsel Komodo selbst, eine kleinere Population auf Rinca. Auf der kleinen Insel Padar starben die Warane aus, weil die Hirsche, von denen sie sich ernährten, durch Jagd ausgerottet wurden. Kleine Warangruppen existieren auch in Flores, sind aber bedroht durch die voranschreitende Zerstörung ihres Habitats.

Ganz links oben: *Komodo ist eines der letzten Refugien des gefährdeten Yellow-crested Cockatoo.*

Ganz links Mitte: *Wunderschöne Orchideen umklammern die Äste der Bäume.*

Ganz links unten: *Beobachtungspunkte erlauben den Besuchern fast hautnahe Begegnungen mit den Waranen.*

Links: *Die hochaufragende Lontarpalme ist eine charakteristische Pflanze der Insel.*

Rechts oben: *Im hohen Gras versteckt kann der Komodo-Waran aus dem Hinterhalt sogar Beute von der Größe eines Hirschen angreifen.*

Lage: Meeresstraße zwischen Sumbawa und Flores.

Klima: Sehr heiß. Regenfälle hauptsächlich im Januar/Februar.

Beste Reisezeit: Jederzeit, öfters unruhige See im Juli/August. Von Bali aus mindestens 3 Tage für den Besuch veranschlagen, Komodo kann an einem Tag besichtigt werden.

Ausrüstung: Leichte Kleidung, Sportschuhe für Wanderungen, Sonnenschutz, Fernglas, Schnorchelausrüstung.

Anreise: Flug von Bali nach Labuan Bajo (Flores), dann mit dem Boot nach Komodo oder Rinca; alternativ Flug nach Bima (Sumbawa). Eine Fähre verkehrt zwischen Sape und Labuan Bajo.

Genehmigungen: Erteilen die Nationalparkbehörden in Labuan Bajo oder Komodo. Die Nationalparkgebühren hier sind der großen Nachfrage wegen die höchsten in ganz Indonesien. Reisepaßkopien erforderlich.

Einrichtungen: Kleine Gästehäuser in Labuan Bajo, davon einige von akzeptablem Standard, einfache Unterkünfte auf Komodo und Rinca. Boote zum Besuch der Hauptinseln können in Labuan Bajo gechartert, Tauchausrüstungen ausgeliehen werden.

Fauna: Die Warane zeigen sich etwas seltener, seit die regelmäßigen Fütterungen eingestellt wurden. Weiterhin können Rotwild, Wildschweine, Meeresschildkröten und Vögel beobachtet werden. Ausgezeichnete Tauchmöglichkeiten, aber starke Stromungen.

Aktivitäten: Waranbeobachtung, Tauchen/Schnorcheln am Riff, Wanderungen auf Komodo oder Rinca, Vogelbeobachtungen.

Oben: *Komodos karge Landschaft und knappes Trinkwasser haben die Besiedlung auf wenige Dörfer begrenzt.*

Rechts: *Die gebirgige Insel Komodo ist von den Nachbarinseln durch die Rinca-Straße getrennt.*

Unten: *Die größte Population des Komodo-Warans findet man auf Komodo selbst.*

Die Warane besitzen einen hervorragend ausgebildeten Geruchssinn. Sie lauern regungslos im Gras bis sich eine Beute nähert, dann schnellen sie hervor und schlagen sie mit ihrem muskulösen Schwanz zu Boden, bevor sie sie mit den Zähnen zerreißen. Selbst wenn ein verletztes Wild entkommen sollte, so ist doch der Speichel der Warane so giftig, daß die Wunde sich entzündet und das Tier bald darauf stirbt. Ein höchst effektives Verdauungssystem gestattet es den urzeitlichen Riesen, ihre Beute mit Haut und Knochen zu verschlingen.

Mehr als nur Warane

Der Komodo National Park wird zur Region der Wallacea gerechnet, der Übergangszone zwischen asiatischer und

australischer Fauna und Flora. Die Überschneidungen sind besonders auffällig bei den Vögeln. Gelbhaubenkakadu und Lärmlederköpfe, die man auch in Australien findet, mischen sich mit Vögeln ausschließlich asiatischer Herkunft, wie etwa dem Gabelschwanzhuhn und den Monarch Flycatchers. Mit etwas Geduld kann man auch seltene Arten wie endemische Wallacean Cuckoo-shrike und das Damm bauende Orange-footed Scrubfowl, das auf allen Inseln Nusa Tenggaras zu finden ist, hier erspähen.

Die meisten Großsäuger im Park wie der Java-Hirsch, Wildhunde, Javaneraffen, Pferde und Büffel, die nur auf Rinca vorkommen, wurden von Siedlern eingeführt. Vor der Ankunft der Menschen ernährten sich die Warane

Links: *Das Gabelschwanzhuhn sucht seine Nahrung auf Lichtungen und kann auf Komodo, wo es kaum von Menschen gestört wird, häufig beobachtet werden*

Rechts: *Seevögel wie die Schwarznacken-Seeschwalbe nisten entlang der Küste und finden in den tropischen Meeren reichlich Nahrung.*

möglicherweise von Riesenratten und einer kleinwüchsigen Elefantenart.

Über Wasser und unter Wasser

In den Gewässern rund um Komodo begünstigt die Fülle von Plankton das Wachsen von Weichkorallen, Röhrenschwämmen und anderen Weichtieren. Die Sebolan-Inseln nordwestlich von Labuan Bajo verfügen über einige exzellente Tauchplätze. Am schräg abfallenden Riff findet man Korallen aller Art, weiter östlich tummeln sich riesige Fischschwärme, darunter Thunfisch, Barrakuda, Riffhaie und Rochen. Ein weiterer, trotz zeitweise starker Strömungen schöner Tauchplatz liegt westlich von Labuan Bajo vor der Insel Tatawa, nicht weit von Komodo entfernt. Die weißsandigen Strände sind idyllische Plätze, um nach den auffällig kastanienbraun und weiß gemusterten Brahminenweihen, die an den Klippen entlangjagen, Ausschau zu halten.

Besucher erreichen Komodo auf dem Seeweg. Häufig begleiten Schwärme von Delphinen die Boote, und Fliegende Fische schießen durch die Luft, um ihren Verfolgern zu entkommen. Mit etwas Glück kann man auch einen Riesenmanta beobachten, der seinen Kopf kurz aus dem Wasser hebt. Auch zahlreiche Arten von Seevögeln sind auf den Inseln Nusa Tenggaras zu beobachten. Zu den einheimischen Brutvögeln gehören die Schwarznacken-Seeschwalbe und die Greater-crested Tern. Zu den hier ansässigen Arten gesellen sich manchmal die schlanken Rußseeschwalben, Rotfußtölpel sowie der Binden- und der Arielfregattvogel, die mit ihrem schlanken Flügeln große Distanzen zurücklegen und häufig den Fang anderer Vögel stibitzen. In den Wintermonaten gesellen sich Keilschwanz-Sturmtaucher, Brillenpelikan und Zügelseeschwalbe hinzu. Im August/September und im April/ Mai können Besucher zahlreiche Zugvögel auf ihrem Weg zwischen den wechselnden Jahreszeiten der nördlichen und südlichen Hemisphäre beobachten. Viele suchen im warmen Klima Zuflucht vor der Kälte der heimischen Brutplätze. Einer der ausdauerndsten Reisenden ist das kleine Odinshühnchen, das jährlich von den Süßwasserseen der Arktis um die halbe Welt fliegt.

Links oben: *Bei der Überfahrt nach Komodo werden Boote häufig von ganzen Delphinschwärmen begleitet.*

Links: *Schwärme von mehreren tausend Barrakudas treffen sich im tiefen Wasser. Die neugierigen Tiere jagen ihrem schlechten Ruf zum Trotz selten Tauchern Angst ein.*

Ruteng Nature Recreation Park

Bergwanderungen und einheimische Vögel

Inseln, die nie mit einer größeren Landmasse verbunden waren, verfügen meist nur über eine verarmte Tierwelt mit relativ wenigen Arten. Andererseits garantiert die Abgeschiedenheit auch einen hohen Anteil ausschließlich hier vorkommender Fauna. Während man in der gesamten Inselwelt Nusa Tenggaras also nur 242 Vogelarten findet (im Vergleich zu 317 Arten in Bali, das von der Fläche her wesentlich kleiner ist), sind nicht weniger als 66 davon endemisch, in Bali dagegen lebt nur eine einzige endemische Art).

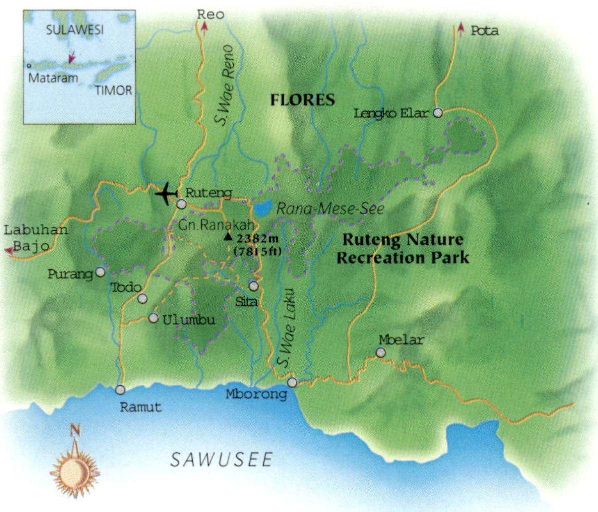

Von diesen nur hier heimischen Vögeln wiederum leben 17 Arten in den Bergen und Regenwäldern von Manggarai im westlichen Flores, und Wanderungen auf den Pfaden des neu geschaffenen Ruteng-Naturparks geben dem Vogelfreund die beste Gelegenheit, viele von ihnen zu entdecken. Das gesamte Areal erstreckt sich über 32 000 ha und zieht sich an einer Hügelkette zwischen der kleinen Stadt Ruteng – einem Ausgangspunkt mit angenehm kühlem Bergklima in einer Höhe von 1200 m – und landwirtschaftlich genutzten Ebenen, die zum Meer hin abfallen, entlang. Auf Wanderungen zum Golo-Lusang-Paß, zur Schlucht und zum Fuß des Gunung Golo Dukul, zum Gunung Ranaka und zum Rana-Mese-See sollte man die meisten der endemischen Vögel ausmachen können, darunter den Bare-throated Whistler mit seinem melodischen Gesang, Scaly-crowned Honeyeater, Yellow-browned Darkeye und der Five-coloured Munia.

Berg und See

Der höchste Berg innerhalb des Parks und gleichzeitig der zweithöchste in Flores ist der 2400 m hohe Gunung Ranaka, der über eine 9 km lange Zufahrtsstraße bestiegen werden kann, die ursprünglich für die Fernmeldestation erbaut wurde und heute ausgezeichnete Möglichkeiten zur Vogelbeobachtung im Bergwald der höheren Regionen bietet. Der Gunung Ranaka ist ein höchst aktiver Vulkan, der 1987 zuletzt ausbrach. Seine Hänge weisen immer noch nackte, graue Flächen auf, aus denen die schwarzgeschmorten Baumskelette gespenstisch aufragen. Südlich des Parks wurde eine geothermische Station errichtet, die die austretenden heißen Dämpfe zur Stromerzeugung nutzt.

Ein Brennpunkt des wachsenden Tourismus im Bergland von Ruteng ist der verschwiegene Rana-Mese-See, umgeben von Wäldern und Sümpfen, wo Wasservögel wie die Knäkente, Pacific Black Duck, Sunda Teal und die Kräuselscharbe heimisch sind. In den nahen Wäldern sucht eine Vielzahl von Waldvögeln Schutz.

Das Bergland von Ruteng und die Region der umliegenden Dörfer bietet ausgezeichnete Wandermöglichkeiten auf Wegen, die wegen der ständigen Nutzung durch die Dorfbewohner kaum zuwachsen. Diese Wege führen über steile Berghänge und wellenförmig ver-

Rechts oben: *Die Rotkappendrossel zählt unter Vogelkundlern zu den begehrtesten Arten im Bergwald.*

Lage: Bei Ruteng, im Bergland des westlichen Flores.

Klima: Die Regenzeit dauert in der Region von Dezember bis März. In Ruteng und Umgebung durch die nahegelegenen Berge höhere Niederschläge. Nachts wird es aufgrund der Höhenlage recht kalt.

Beste Reisezeit: Jederzeit, am besten jedoch zwischen April und Dezember. Aufenthaltsdauer wenigstens zwei Tage im Rahmen einer Überlandtour durch Flores empfohlen.

Anreise: Flug von Bali nach Ruteng oder auf dem Landweg von Labuan Bajo aus (3 Std.).

Genehmigungen: Erteilt das Büro des Ruteng-Naturparks in Ruteng. Reisepaßkopien erforderlich.

Ausrüstung: Sportschuhe oder feste Sandalen, Sonnenhut, Sonnenschutz, Regenschutz, warme Kleidung für die Nacht, Fernglas.

Einrichtungen: Mehrere kleine Hotels in Ruteng. Diejenigen mit fließend warmem Wasser sind wegen der kühlen Nachttemperaturen vorzuziehen. Die Wege sind nicht gut markiert, so sind etwas Abenteuergeist und Grundkenntnisse in Bahasa-Indonesisch notwendig, will man sich von den Hauptrouten entfernen.

Fauna: Von Beobachtungsplätzen aus, vor allem entlang der Wege zum Gunung Ranaka, zum Rana-Mese-See und zum Gunung Golo Dukul, läßt sich die Vogelwelt studieren.

Aktivitäten: Vogelbeobachtung und Wanderungen im relativ kühlen Bergklima. Besteigung des Vulkans Gunung Ranaka und Besuch des Rana-Mese-Sees.

Rechts: *Die rauchenden Hänge des Gunung Ranaka geben Zeugnis von seiner vulkanischen Aktivität.*

Oben: *Mit seiner hohen Dichte an endemischen Arten ist Ruteng eine lohnende Region für Vogelkundler.*

Unten: *Exemplare des Sunda Teal findet man vorwiegend am Rana-Mese-See.*

Oben: *Die Felder werden von der Gemeinschaft der Manggarai bei Ruteng auf traditionelle Weise bestellt.*

laufende Felder und passieren unterschiedlichste Vegetationszonen wie Primärwälder, Sekundärwälder und gepflegte Felder, auf denen Reis, Maniok und Mais angebaut wird. Unterwegs ergeben sich immer wieder Ausblicke auf bewaldete Berge, schnell fließende Flüsse und im Süden auf die Küste und die vorgelagerten Inseln. Eine der schönsten Routen führt in zwei Tagen von Todo in westlicher Richtung bis nach Sita.

Traditioneller Anbau und traditionelle Stoffe

Die Wälder sind eine unverzichtbare Nahrungsquelle für die Einheimischen, deren Einkommen oft nicht ausreicht, um Paraffin oder andere Brennstoffe zum Kochen und Heizen zu kaufen. So sind wenigstens 90 % der Bevölkerung auf das Sammeln von Brennholz angewiesen, genauso wie das Wasser für den täglichen Bedarf nach wie vor aus Flüssen und Bächen geholt wird. Die Manggarai leben zu einem großen Teil wie ihre Vorfahren seit Jahrhunderten, und um den Ort Ruteng herum wird immer noch eine traditionelle Form der Landbestellung praktiziert: ein kreisförmiges Stück Land wird in »Tortenstücke« eingeteilt, die jeweils von einer Familie bestellt werden. Die Häuser, traditionell rund und in einem Kreis angeordnet, werden mit Vorliebe im Zentrum dieser »Torte« aufgestellt. Die Wirkung der auf diese Art und Weise erzeugten Bodenmuster wird aus der Luft sichtbar.

Die in Manggarai gefertigten Textilien sind einzigartig und unterscheiden sich stark von anderen in Nusa Tenggara verbreiteten Stoffen. Auf primitiven Webstühlen entstehen Muster in leuchtenden Farben vor schwarzem und tiefblauem Hintergrund. Schön sind auch die Matten aus verwobenen Pandanusblättern.

Maumere Marine Recreation Park

Die Natur heilt sich selbst

Vor dem verheerenden Erdbeben, das Maumere im Dezember 1992 erschütterte und tausende Todesopfer in der Region forderte, gehörten die Tauchplätze bei Maumere zu den besten in Asien. Zwar zerstörte die Naturkatastrophe einige Riffe, aber entgegen der Befürchtung, daß es viele Jahre dauern könnte, bis es sich für Tauchfreunde wieder lohnen würde, die Region zu besuchen, schritten das Wachstum der Korallen und die Wiederbesiedlung durch andere Lebewesen bemerkenswert schnell voran. Neben der Tatsache, daß die Region ein buntes Unterwasserleben mit einer ungeheuren Vielfalt an Fischen, Korallen und anderem Meeresgetier zu bieten hat, haben Besucher hier die Chance, der Erneuerung eines tropischen Riffs beizuwohnen.

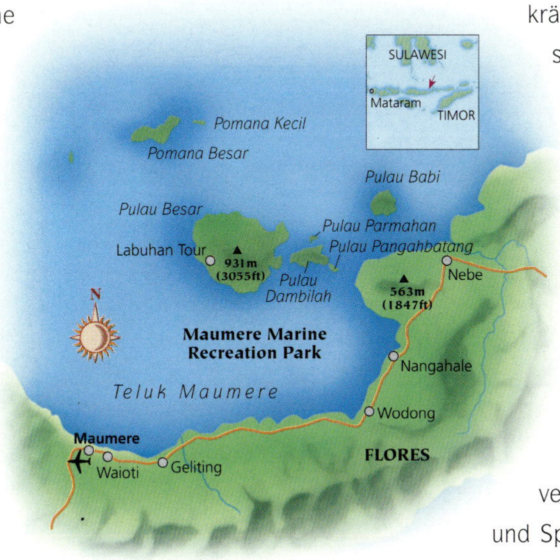

Zählt man die Tauchplätze vor der Küste von Maumere und vor den kleineren Inseln Besar, Babi und den Pomanas zusammen, kommt man auf rund zwei Dutzend, darunter spektakuläre Riffkanten, die von Hunderten von Fischarten und anderen Meeresorganismen besiedelt sind. Es gibt Plätze für Anfänger genauso wie für erfahrere Taucher, wobei die Plätze vor der Küste normalerweise ruhigeres Wasser und einfachere Bedingungen bieten.

Links: *Die Vielfalt der Korallen vor den Pomanas trägt wesentlich zum Reichtum der Tauchregion Maumere bei.*

Rechts oben: *Sogar in großen Tiefen bieten die Riffkanten einigen der größten Schwämmen der Welt Halt.*

Das Leben im Korallenriff

Ein wesentliches Kennzeichen eines intakten Riffs ist ein Korallenstock, der fast die Wasseroberfläche berührt. Dieser besteht aus abgerundeten Korallenköpfen und kräftigen Korallenarmen, die zusammen ein starres Gefüge von miteinander verwachsenen Korallenskeletten bilden. Weiter oben auf dem Gerüst leben auch kleinere und zerbrechlichere Korallen, und insgesamt leben hunderte verschiedenartige Organismen auf den Korallenstöcken. Unzählige Fische und wirbellose Tiere verstecken sich in den Nischen und Spalten des Riffs. Zusätzlich siedeln Seeanemonen an der Unterseite der Korallen und auf toten Korallenskeletten. Liegt das Riff geschützt, steigt der Prozentsatz riffbildender Steinkorallen im Vergleich zu Weichkorallen, während in Riffen, die stärkerer Strömung ausgesetzt sind, Weichkorallen dominieren. Die Schäden durch das Erdbeben 1992 hatten zur Folge, daß die Natur ihre wundersamen Kräfte zur Regenerierung zeigte. Tatsächlich haben Korallen die Fähigkeit zum schnellen Wiederaufbau, einige Arten wachsen pro Jahr bis zu 20 cm.

Von der einzigartigen Biologie der Korallen hängt die Struktur und Ökologie der gesamten Riffgemeinschaft ab. Ursprünglich hielt man Korallen für Pflanzen, erst im 18. Jh. entdeckte man, daß es sich tatsächlich um Tiere handelt. Diese gehören zur Ordnung der Hohltiere, zu der auch Quallen und Seeanemonen gehören. Diese Tiere bestehen aus einem Hohlraum, der der Verdauung der Nahrung dient, und einer einzigen Körperöffnung.

Lage: Eine Bucht mit kleinen Inseln vor der Nordküste des östlichen Flores.

Klima: Heiß und trocken das ganze Jahr hindurch, doch einige Regenfälle im Januar und Februar.

Beste Reisezeit: Tauchsaison zwischen März und November, im Januar/Februar erschweren starke Winde den Zugang zu den Tauchplätzen. November und Dezember sind die günstigsten Monate zur Beobachtung von Walhaien.

Ausrüstung: Leichte Kleidung, Sonnenschutz und Sandalen. Tauch- und Schnorchelausrüstungen können, wenn man nicht über eine eigene Ausrüstung verfügt, vor Ort in den Tauchstationen ausgeliehen werden. Boote können dort ebenfalls angemietet werden.

Anreise: Flug von Bali nach Maumere.

Genehmigungen: Nicht erforderlich. Das Mitführen von Paßkopien ist immer ratsam.

Einrichtungen: Mehrere Hotels und Gästehäuser in Maumere und Umgebung.

Fauna: Buntes Unterwasserleben am Riff, das sich nach dem Erdbeben 1992 schnell wieder erholte. Große Vielfalt an Fischen und Korallen. Walhaie.

Aktivitäten: Tauchen, Schnorcheln und Bootsausflüge. Mehrere Tauchveranstalter mit gut ausgebildetem Personal. Besuche in Dörfern mit traditioneller Architektur und Weberei gehören zu den kulturellen Höhepunkten. Ausflug zum Keli Mutu National Park möglich.

Oben, rechts oben und unten: *Ein großer Prozentsatz der außerordentlich freundlichen Menschen in Maumere ist katholisch.*

Korallen benötigen konstant warmes und klares Wasser, weshalb sich ihr Vorkommen auf die tropischen Meere beschränkt. Das Korallenriff kann in Wachstum und Vielfalt der Lebewesen mit den Regenwäldern verglichen werden. Es handelt sich um ein vielschichtiges Ökosystem, umgeben von einem offenen Meer, das selbst nährstoffarm ist, ähnlich den wüstenähnlichen Alang-Alang-Steppen, die sich nach der Zerstörung tropischer Regenwälder bilden. Wie im Regenwald spielen sich auch im Korallenriff die heftigsten Positionskämpfe der Organismen im oberen Bereich ab, nahe dem lebenspendenden Sonnenlicht.

Ein Tauchplatz schöner als der andere

Das Wrack eines japanischen Schiffes bei Wair Terang ist sicher die größte Attraktion der Tauchplätze vor der Küste von Maumere. Das versunkene Schiff liegt zwischen feinem Sand und Schlick begraben, den unerfahrene Taucher allzu schnell zu dicken Wolken aufwühlen können, die die Sicht gänzlich zunichte machen. Hier kann man die größten Gruppen von orange-weißen Lionfishes in ganz Indonesien entdecken, die unter ihrem zart wirkenden Äußeren einen gefährlichen Giftstachel verbergen. Winzige Rötlinge umschwirren den Schiffsrumpf, und auf dem Meeresgrund jagen große Meerbarben im Sand nach Würmern, während weiße Schwämme, Muscheln und Korallen die Schiffswände überwuchert haben. Alle anderen Plätze entlang der Küste bieten intakte Korallenstöcke, aber der Fischreichtum ist nicht so überwältigend wie an den

Oben Mitte: *Höhlen und Nischen gewähren Scharen von Fischen und wirbellosen Tieren Schutz.*

Oben: *Die farbenfrohen Saddled Rock Cods gehören zu den bekannteren Bewohnern des Riffs.*

weiter entfernt liegenden Tauchplätzen. Weiter draußen liegen die besten Gebiete bei Maragajong, an der Südwestküste der Pulau Besar, wo es auch gute Schnorchelmöglichkeiten gibt, und der Pomana Kecil. Beide Plätze beeindrucken durch senkrecht abfallende, mit Schwämmen überwucherte Riffkanten. Zu den Meerestieren, die man hier zu sehen bekommt, gehören Nashornfische, Fusiliers und Doktorfische sowie zahlreiche Riffbarsche und einige Halfterfische mit ihren charakteristischen schwarz-gelben Streifen.

In der ruhigen Meeresregion, durch das Riff vor der Wucht der Wellen geschützt, lebt eine Gemeinschaft von Bewohnern des Meeresgrundes, zu denen Seegurken und Steinseeigel gehören. Hier kann man unter Umständen auch Seefedern und Seesterne entdecken, wie den riesigen braun-weißen Seestern *Choriaster granulatus,* der einem braun gebackenen Brötchen gleicht, und den Blauen Seestern *Linckia laevigata,* der aus Gummi zu bestehen scheint. Viele Einheimische verdienen ihren Lebensunterhalt, indem sie Seegras anbauen, aus dem Agar-Agar, ein Gelatineersatz gewonnen wird.

Oben: *Traditionelle Fischerboote sind auch zuständig für den Warentransport von Dorf zu Dorf.*

Unten: *Der Leaf Scorpionfish tarnt sich perfekt, so kann er aus dem Hinterhalt seine Beute angreifen.*

IRIAN JAYA

Obwohl Irian Jaya mehr als ein Fünftel der Landfläche Indonesiens bedeckt, lebt hier nur ein Prozent der Bevölkerung des Landes. Irian Jaya bildet die westliche Hälfte der großen Insel Neuguinea und teilt mit seinem Nachbarn, dem Staat Papua Neuguinea, eine sehr artenreiche Tierwelt. Gebirge, Sümpfe und schlechte Verkehrsverbindungen, aber auch politisch bedingte Einschränkungen machen die Provinz nur schwer zugänglich; dafür bietet sie jedoch abenteuerliche Touren ins Landesinnere, sympathische Menschen und eine außergewöhnliche Fauna.

Trotz der Nähe zu Australien ist der asiatische Einfluß auf Neuguinea größer als der australische. Nur 34 % der 154 Säugetiere sind typisch australisch, wogegen jeweils 32 % Ratten- bzw. Fledertierarten sind, die aus Asien stammen. Neben den Beuteltieren zählen Kurz- und Langschnabeligel zu den australischen Tierarten; sie gehören – wie auch das Schnabeltier – zur Familie der Kloakentiere. An Beuteltieren gibt es das New Guinea Quoll, mehrere Arten von Wallabys, Nasenbeutlern, Kuskuse und Baumkänguruhs – die, wie der Name andeutet, auf Bäume klettern können und Blätter fressen.

Während die Säugetiere vorwiegend asiatischen Ursprungs sind, trifft dies auf die Vogelwelt nicht zu: Unter den mehr als 700 Vogelarten Neuguineas sind viele Arten der australischen Honigfresser und Lederköpfe, weiterhin die Krontauben, 44 Mitglieder der Papageienfamilie, etwa 28 Arten von Paradiesvögeln, sieben der für ihr bezauberndes Balzverhalten berühmten Laubenvögel sowie drei Kookaburras. Fast zwei Fünftel der Vögel sind endemisch.

Die lange Küstenlinie und die vorgelagerten Inseln haben verschiedene Lebensräume zu bieten: ausgedehnte Sümpfe und Mangrovenwälder in der Bintuni-Bucht und an der Südküste sowie wunderschöne Korallenriffe und idyllische Inseln mit weißen Sandstränden im Norden; einige von ihnen stehen im Meeres-Nationalpark Cendrawasih unter Schutz.

Arfak Mountains Nature Reserve

Im Reich der Paradiesvögel

Die Arfak-Berge sind nicht nur berühmt wegen der sagenumwobenen Vogelfalter, die hier leben; sechs Arten dieses Schmetterlings sind im Reservat heimisch. Auch Paradiesvögel und der Arfak-Bowerbird machen sie zu einer Attraktion Indonesiens. Das Schutzgebiet umfaßt eine Landfläche von 68 000 ha und erstreckt sich von der Küste bis zu 2800 m hohem Gebirge. Es liegt auf der Ostseite der Vogelkopf-Halbinsel, die den nordwestlichen Teil der Provinz Irian Jaya bildet. Die Arfak-Berge waren das erste Gebirge in Irian Jaya, das wissenschaftlich untersucht wurde. Hier lebt die größte Anzahl seltener endemischer Bergtierarten Neuguineas – mehr noch als im Gebirge im Inneren der Insel.

Vom Wanderfeldbau zur Schmetterlingsfarm

Der WWF hat in diesem Gebiet ein Langzeitprogramm durchgeführt, das dem hier lebenden Volk der Hatam ermöglichen sollte, von den natürlichen Ressourcen der Region zu leben, ohne sie zu zerstören. Ende der 1980er Jahre war die Bevölkerung der Arfak-Berge nämlich so angewachsen, daß der für unfruchtbare Böden entwickelte, traditionelle Wanderfeldbau allmählich den Wald nachhaltig zu zerstören begann. Seit den frühesten zoologischen Forschungen, die in den 70er Jahren des 19. Jh. hier durchgeführt worden waren, wußte man jedoch, daß die Arfak-Berge das Weltzentrum der Vogelfalter sind. Daher entschloß man sich, dieses Potential zu nutzen und die Bewohner der Region in den Schmetterlingsexport einzubeziehen. Man gründete Schmetterlingsfarmen; zudem haben einige Familien Zugang zu ihrem Grundbesitz geschaffen, damit Besucher Paradiesvögel beobachten können.

Für die Zucht der Schmetterlinge brachte man die Bauern dazu, in ihren Gärten am Rande des Reservats die Kletterpflanze *Aristolochia* anzupflanzen, einzige Nahrungsquelle der Larven. Die Schmetterlinge legen ihre Eier auf ihr ab, und sobald die Raupen geschlüpft sind, beginnen sie hier zu fressen. Nach einigen Wochen verpuppen sie sich. Die Farmer können die Puppen dann abpflücken und verkaufen. Nach dem Schlüpfen werden die Schmetterlinge getötet und für den legalen Export präpariert. Gleichzeitig versuchte man durch gezielle Informationspolitik, das Bewußtsein der Menschen für den Erhalt des Waldes zu schärfen: Beschädigungen des Waldes im Reservat führen nämlich dazu, daß die Zahl der Schmetterlinge, die zur Eiablage in die Gärten kommen, abnimmt.

Links: *Wegen seiner märchenhaften Federn wurde der Kleine Paradiesvogel rücksichtslos gejagt.*

Rechts oben: *Die Hatam praktizieren eine nachhaltige Bewirtschaftung ihrer reichen Umwelt.*

Seite 154: *Die Siedlungen der Dani sind auf Terrassen in die steilen Hügelhänge gebaut.*

Seite 155: *Der außergewöhnlich schöne Nacktkopf-Paradiesvogel kommt ausschließlich auf der Insel Batanta vor.*

Lage: Gebirge auf der Ostseite der Vogelkopf-Halbinsel, im nordwestlichen Teil Irian Jayas.

Klima: In den Bergen kühl mit kalten Nächten, im Tiefland heiß und feucht. Viel Regen von Oktober bis März.

Beste Reisezeit: In der Regenzeit sind viele Wege unpassierbar.

Ausrüstung: Sonnen- und Regenschutz, Insektenschutzmittel gegen Zecken, warme Jacke, gute Wanderschuhe, Proviant, medizinische Grundausrüstung, Taschenlampe, Fernglas.

Anreise: Mit dem Flugzeug nach Manokwari; Weiterflug oder zu Fuß über Warmare nach Minyambou oder Mokwam. Ausgangspunkte für Wanderungen: Warkapi (Osten), Ransiki (Ransiki-Tal), die Anggi-Seen für Bergtouren.

Genehmigungen: Reisegenehmigungen *(surat jalan)* müssen in Jayapura oder Biak besorgt und bei der Polizei in Manokwari vorgezeigt werden. Eine Zugangsgenehmigung zum Reservat ist bei der Naturschutzbehörde KSDA in Manokwari erhältlich. Für Reisen nach Irian Jaya sollte man drei Fotokopien des Reisepasses und vier Paßfotos mitbringen.

Einrichtungen: Mit Führern Übernachtungen und Träger arrangieren. Hotels in Manokwari; Camping auf Wanderungen.

Fauna: Nachtaktive Säuger und Beuteltiere, Schmetterlinge, Vögel.

Aktivitäten: Die meisten Besucher möchten Vögel und Schmetterlinge beobachten. Anstrengende Wanderungen sind dabei unvermeidlich. Am besten reist man per Flugzeug an und wandert bergab aus dem Gebiet hinaus.

Drei Arten des riesigen, auffälligen Vogelfalters kommen ausschließlich hier in der Arfak-Region vor: der *Ornithoptera rothschildi* sowie die zwei Unterarten *O. tithonus misresiana* und *O. paradisea arfakensis*. Männliche Vogelfalter schimmern grün und gelb, während die Weibchen in den meisten Fällen blasser, aber größer sind – mit Flügelspannweiten bis zu 25 cm.

Eine eiszeitliche Pflanzenwelt

Die Vegetation von Irian Jaya bezeugt eindrucksvoll die gewaltigen geologischen Kräfte, die die Region geformt haben. In einer langsamen, unaufhaltsamen Bewegung schiebt sich der südliche Teil von Neuguinea auf die pazifische Platte und faltet die steilen Gebirge der Insel auf. Der südliche Teil war einst mit dem australischen Kontinent und der Antarktis verbunden; aus dieser Verbindung stammen die antarktischen Buchen in den Bergwäldern. Weitere Elemente der Flora wanderten aus anderen Gebieten ein: Obwohl Neuguinea nie über Landbrücken mit dem asiatischen Festland zusammenhing, konnten doch viele Pflanzenarten aufgrund der abgesenkten Meeresspiegel während der Eiszeiten über das Meer kommen und sich hier ansiedeln – so auch die *Dipterokarpazeen*, die die Wälder von Sumatra und Borneo prägen; hier verläuft ihre südliche und östliche Verbreitungsgrenze. Am Übergang vom Tiefland zum Bergland treten Eichen und Kastanien aus Nordasien auf, in den höheren Bergregionen findet man Rhododendron und Heidelbeere.

Auf der Suche nach dem Paradiesvogel

Kaum waren im 14. Jh. erstmals Federn von Vögeln aus Neuguinea in Westasien und Europa eingetroffen, begannen sich Legenden um das Leben der märchenhaft schönen Wesen zu ranken, die solch ein Federkleid trugen. Bei vielen ausgestopften Vögeln waren Beine und Füße entfernt worden, weshalb man glaubte, sie würden niemals landen; daher gab man ihnen den Namen

Oben links: *Der Prachtparadiesvogel präsentiert seine farbenprächtig schimmernde Kehle.*

Oben Mitte: *Schmetterlinge wie der Mountain Blue werden auf Schmetterlingsfarmen für den Export gezüchtet.*

Rechts: *Baumfarne gedeihen in Schluchten, die durch Erdrutsche entstanden sind.*

»Paradiesvögel«. Eine Art, der Göttervogel oder Große Paradiesvogel, erhielt den wissenschaftlichen Namen *Paradisaea apoda*, was soviel wie »aus dem Paradies ohne Füße« bedeutet. Zu Beginn des 20. Jh. wurden jährlich Tausende von Bälgen aus Neuguinea exportiert, um in den Modezentren Europas Damenhüte zu schmükken. Eine der ersten öffentlichen Naturschutzkampagnen veränderte die Einstellung zum Gebrauch von Vogelfedern als modisches Accesoire und setzte dem Handel schließlich ein Ende.

Auf Neuguinea gibt es insgesamt 38 Arten von Paradiesvögeln, von denen 30 in Irian Jaya und mindestens neun in den Arfak-Bergen vorkommen. Einige von ihnen, wie die Manucodias, sind nicht größer als eine Amsel. Ihre geringe Größe machen sie jedoch wett durch ein prachtvoll schimmerndes Federkleid, auffällige Fäden und Flaumfedern sowie durch ihr oftmals erstaunliches Verhalten. Der größte ist der Breitschwanz-Sichelkopf mit seinem 80 cm langen Schwanz; weiterhin kommen hier der Prachtparadiesvogel, der Königsparadiesvogel, die Fächerparadieselster und der überwiegend schwarze Langschwanz-Paradigalla vor. Eine weitere Attraktion des Reservats sind die großen, kunstvoll ausgebauten Nistlauben des Arfak Bowerbird.

Oben: *Das einzelgängerische Männchen des Grauen Baumkänguruhs ist deutlich größer als das Weibchen und verbringt sein ganzes Leben ausschließlich auf Bäumen.*

Rechts: *Der männliche Königsparadiesvogel läßt seine langen Schwanzfäden und sein prachtvolles Gefieder wirken, wenn er mit akrobatischen Turnübungen sein Revier verteidigt.*

Lorentz National Park

Schneebedeckte Gipfel in den Tropen

Von allen Schutzgebieten Irian Jayas bietet der Lorentz National Park die größte Bandbreite an Lebensräumen: von Mangroven und Sumpfwäldern an der Südküste bis hin zum Hochgebirge der Sudirman- und Jayawijaya-Berge.

Im Park selbst liegen der höchste Berg Indonesiens, der 5039 m hohe Gunung Jaya, und der Meren-Gletscher, einer von nur drei äquatorialen Gletschern der Welt. Der Park ist mit 21 000 km² das größte Schutzgebiet Indonesiens; er beherbergt etwa 411 Vogel- und 123 Säugetierarten, darunter zwei Kloakentier- und mehrere endemische Beutelmausarten. Aus politischen und geographischen Gründen ist das Gebiet noch weitgehend unerforscht, Berichte von einem räuberischen Beuteltier, das dem Beutelwolf ähneln soll, wurden wissenschaftlich nicht bestätigt.

Auf dem höchsten Berg Indonesiens

Das Hauptziel für Expeditionen in den Lorentz-Park – insbesondere für indonesische Bergsteigerexpeditionen – ist der Gunung Jaya. Der einfachste Aufstieg führt über Tembagapura, die Basis der Bergbaugesellschaft Freeport. Leider zeigt sich dieses Unternehmen gegenüber abenteuerlustigen Touristen nicht sehr hilfsbereit, und es ist schier unmöglich, die Zugangsgenehmigung zu erhalten, ohne die man von hier nicht aufsteigen kann.

Eine realistischere Alternative ist das mit dem Flugzeug zu erreichende Ilaga im Norden des Parks, von wo man über das Plateau und das Vorgebirge nach Süden wandern kann. Dieser Zugang ist leichter als der Aufstieg von Süden, wo die geologisch jungen Berge enorm steil, teils in vertikalen Wänden, aufragen.

Die Wanderung zum Habbema-See

Der vom Baliem-Tal aus zugängliche Habbema-See im ökologischen Großraum des Lorentz-Parks ist das touristische Hauptreiseziel Irian Jayas. Hier, auf 3225 m Höhe, befand sich 1938 das Basislager der ersten ausländischen Expedition in das Gebirge von Irian Jaya. Damals transportierte man die Teilnehmer und die Ausrüstung in einem Wasserflugzeug zum See.

Heutzutage kann man vom Baliem Tal aus in weniger als zwei Autostunden hierher gelangen, obwohl viele Besucher die fünf- bis sechstägige Wanderung durch die abwechslungsreiche Landschaft bevorzugen: Anmutige Felder und tiefe Flußtäler werden durch feuchtkalte Mooswälder und alpines Grasland abgelöst.

Links: *Aus der Luft ist die geologische Auffaltung des über 5000 m hohen Sudirman-Gebirges deutlich zu erkennen.*

Rechts oben: *Traditioneller Kopfschmuck eines jungen Asmat-Kriegers.*

Lage: Zentral-Irian-Jaya.

Klima: Heiß und feucht an der Küste, kalt im Gebirge. Nördlich der Berge Trockenzeit April–August, Regenzeit Oktober–März, südlich der Berge umgekehrt.

Beste Reisezeit: Regenzeit vermeiden. Vor dem Hintergrund der politischen Umwälzungen in Indonesien sind Unruhen nicht ganz auszuschließen. Bleiben Sie mindestens 1 Woche und stellen Sie sich auf Verzögerungen ein.

Ausrüstung: Sonnen- und Regenschutz, warme Kleidung, robuste Wanderschuhe, Schlafsack, Proviant, medizinische Grundausstattung, Taschenlampe, Fernglas, Kompaß.

Anreise: Mit dem Flugzeug nach Wamena im Baliem-Tal. Von dort gelegentlich Weiterflüge der Missionsgesellschaften, die aber nur bei Platzüberschuß Touristen mitnehmen. Von Nabire an der Nordküste Flüge nach Ilaga für Besteigungen des Mount Jaya.

Genehmigungen: Müssen in Jayapura oder Biak besorgt und bei der Polizei in Wamena vorgezeigt werden. Mindestens drei Fotokopien des Reisepasses und vier Paßfotos mitbringen.

Einrichtungen: Komplettes touristisches Angebot im Baliem-Tal, von hier Wanderungen zum Habbema-See. Im Lorentz-Park können Übernachtungen in den Dörfern, Führer und Träger arrangiert werden.

Fauna: Mit Geduld kann man viele endemische Vögel und einige Beuteltiere beobachten.

Aktivitäten: Wandern, etwa zum Habbema-See, Vogelbeobachtung, Begegnungen mit der einheimischen Bevölkerung.

Ganz oben: *Ausgedehnte Tiefland-Sumpfwälder kon- strastieren mit den schroffen Bergen des Hochlands.*

Gleich oben: *Verschiedene Orchideenarten spiegeln die Artenvielfalt der Flora wider.*

Rechts: *Der Meren-Gletscher, einer von nur drei äquatorialen Gletschern der Welt, liegt direkt unterhalb des erhabenen Gipfels des Gunung Jaya.*

Oben: *Zeremonielle Tänze sind ein wichtiger Bestandteil der Dani-Kultur im Baliem-Tal.*

Unten: *Das Langhaus – Mittelpunkt für die dörfliche Asmat-Gesellschaft.*

Im Hochland leben sieben oder acht Arten von Paradiesvögeln, unter ihnen der Brillenparadiesvogel, der Loriaparadiesvogel und der Wimpelträger. Andere unter Liebhabern sehr geschätzte Vögel des Hochlands sind die Blue-breasted Quail, die Schneegebirgswachtel, der Lorentzdickkopf, der Höhenschilffink und der Veilchenlori.

Menschen aus einer anderen Zeit

Wie nicht anders zu erwarten, wenn völlig verschiedene Kulturen aufeinanderprallen, ist das Verhältnis zwischen Ausländern bzw. Westindonesiern und den Menschen von Irian Jaya nicht unproblematisch. Nach einigen Jahrzehnten des Kontakts zu niederländischen und amerikanischen Entwicklungshelfern und Missionaren sowie zu indonesischen Regierungsbeauftragten und Militärs ist es der eindeutige Wille der meisten Bewohner des Berglandes, ihren traditionellen Lebensstil als Wanderfeldbauern und Schweinezüchter oder als Jäger beizubehalten.

Oben: *Ein Krieger der Asmat in Kriegsbemalung.*

Links: *Den vielseitig genutzten Sagobäumen zu Ehren wird eine fröhliche Zeremonie veranstaltet.*

Andere kulturelle Elemente wie die Kriegsführung zwischen den Stämmen haben dagegen aufgrund des Einflusses von außen an Bedeutung verloren. Schon lange etwa hat Wohlstand in ihrer eigenen Gesellschaft eine wichtige Rolle gespielt. Dieses Konzept wird bereitwillig auf die heutige Geldwirtschaft angewandt. So kann es einem Besucher, der Einheimische fotografieren will, passieren, daβ er dafür um Geld gebeten wird.

Im Lorentz National Park leben etwa 11 000 Ureinwohner in unterschiedlichen Stammesgemeinschaften, wie die Dani, Asmat und Nakai. Die Frauen tragen meist nur Röcke, die Männer der Hochlandstämme sind oftmals nur mit einer Penishülse bekleidet. Während die Männer für die Jagd zuständig sind und sich immer wieder in Gefechte mit benachbarten Stämmen verwickeln, bestellen die Frauen die Felder und kümmern sich um die Schweinezucht. Die Männer sind Fremden gegenüber sehr aufgeschlossen. Ihr freundlicher Händedruck steht in krassem Gegensatz zu ihrem wilden Benehmen.

Links: *Ein Jäger der Asmat geht in traditioneller Körperbemalung auf die Pirsch.*

Wasur National Park

Im Park der tausend Wallabys

Der Wasur-Nationalpark liegt im äußersten Südosten Irian Jayas direkt an der Grenze zu Papua Neuguinea; er gehört zu den interessantesten Plätzen für Tierbeobachtungen in Indonesien, weil der Zugang einfach und das Gelände offen ist. Der 4130 km² große Park ist das einzige Schutzgebiet mit ausgedehnten Tieflandlebensräumen in Irian Jaya. Die Vegetation besteht aus Mangroven- und Küstenwäldern, Monsunmischwald mit grasbewachsenen Lichtungen und ausgedehntem Grasland, das sich mit schilfbewachsenen Sümpfen abwechselt. Typisch sind Wälder des Papierrindenbaums *Melaleuca leucodendron*, der eine helle, feuerresistente Rinde hat. Gelegentlich fallen gewaltige Termitenhügel ins Auge, von denen einige über 3 m hoch sind.

Tierbeobachtung leicht gemacht

Die Vogelwelt von Wasur ist phantastisch – Vögel, wohin man sieht, darunter viele große und besonders prächtige Arten. Um die 400 sollen es im Park sein, hinzu kommen noch Zugvögel, die aus Australien kommen. Ein erfahrener Vogelbeobachter kann auf einer drei- oder viertägigen Rundreise durch die verschiedenen Lebensräume des Gebiets ohne weiteres mehr als 100 Vogelarten entdecken. Aber auch der weniger erfahrene Besucher wird Gelegenheit haben, so schöne bunte Exemplare zu sehen wie den Weißhalsreiher, die Wammentrappe, den grauen, anmutigen Brolgakranich mit seiner roten Federhaube, den Brillenpelikan, die Spaltfußgans, den großen, schwarzen Arakakadu, den farbenfrohen Allfarblori und den Indischen Lappenkiebitz, dessen freundliches Geschnatter in der Nacht zu hören ist.

Wo der Wald undurchdringlicher wird, leben zwei Paradiesvogelarten, der Göttervogel und der Königsparadiesvogel, dessen männlicher Vertreter ein hellrotes Federkleid trägt, daneben drei Kookaburraarten und der große, flugunfähige Kasuar mit zwei Kehllappen.

Von den etwa achtzig größeren Tieren sieht man Flink Känguruhs am häufigsten. Wie ihre australischen Vettern streifen sie in großen Gruppen durch den Busch, um zu grasen. In der Savanne leben große Herden des importierten Java-Hirschs; dort kann man auch große Wildschweine sehen. Schwieriger zu beobachten sind hingegen kleinere Beuteltiere wie Nasenbeutler, Streifenkletterbeutler, Kuskuse und der Kurzkopfgleitbeutler; letzterer benutzt spezielle Hautfalten, um auf der Suche nach süßem Nektar von Baum zu Baum zu segeln. Viele dieser Tierarten sind nachtaktiv und daher auch nachts am besten zu sehen.

Links oben: *Der Arakakadu mit seinen auffälligen Kopffedern gehört zu den stark gefährdeten Arten.*

Ganz links unten: *Die Feuchtgebiete von Wasur beheimaten viele Amphibien, so auch verschiedene Baumfrösche.*

Links unten Mitte: *Wenn die Frucht des* Dillenia-*Baums aufplatzt, werden die Samen weit verstreut.*

Gleich links unten: *Ihre Ähnlichkeit mit einer Wespe dient dem Bärenspinner als guter Schutz gegen Feinde.*

Oben rechts: *Wallabys – typische Bewohner des offenen Graslandes im Wasur-Nationalpark.*

Lage: Südost-Küste Irian Jayas.

Klima: Dezember–Mai Regenzeit. Zwischen Juni und September können die Temperaturen tagsüber angenehm kühl sein; ansonsten heiß.

Beste Reisezeit: Von August bis Dezember; in der übrigen Zeit ist der Park größtenteils überflutet. Mindestaufenthalt 3–4 Tage.

Ausrüstung: Sonnenschutz, lange Hosen für Ausritte mit Ponys, leichte Jacke für die kühlere Jahreszeit, Fernglas. Campingausrüstung auch vor Ort zu mieten.

Anreise: Mehrere Flüge pro Woche über Jayapura nach Merauke, in unmittelbarer Nähe des Parks. Hier können Fahrten mit dem Mietwagen oder auf dem Maro-Fluß organisiert werden.

Genehmigungen: Reisegenehmigungen in Jayapura oder Biak besorgen und bei der Polizei in Merauke vorzeigen. Wie für alle Reisen nach Irian Jaya mindestens 3 Fotokopien des Reisepasses und 4 Passfotos mitbringen.

Einrichtungen: Verschiedene Hotels in Merauke, Gästehäuser in einigen Dörfern im Park, z.T. vom WWF errichtet. Man kann Pferde oder teure Jeeps mieten. Es gibt mehrere Wanderwege, einheimische Führer.

Fauna: Die offene Vegation ist sehr günstig für die Beobachtung von großen Vögeln, Känguruhs, Nasenbeutlern, Indischen Sambars und Wildschweinen.

Aktivitäten: Tierbeobachtung, leichte Wanderungen, Ausritte, Camping und Begegnungen mit der einheimischen Bevölkerung.

Rechts: *Ein gewaltiger Termitenhügel in der Savanne des Wasur-Nationalparks.*

Ein feuchtes Königreich

Mehrere Monate im Jahr ist Wasur großräumig überflutet; in dem flachen Gelände gibt es kaum Abflußmöglichkeiten, und der Boden kann die starken Niederschläge während der Regenzeit nicht absorbieren. Der wichtigste Verkehrsweg, der Merauke mit den stromaufwärts gelegenen Siedlungen verbindet, ist der Maro-Fluß; er begrenzt den Park im Norden. Seit einigen Jahren wird diese Wasserstraße jedoch durch die explosionsartige Ausbreitung der Wasserhyazinthe blockiert, einer lila blühenden, aus Südamerika stammenden Schwimmpflanze, die sich allen Anstrengungen, ihren Wuchs einzudämmen, hartnäckig widersetzt. Im Zentrum von Wasur liegt der Rawa-Biru-Sumpf, wörtlich »blauer Sumpf«. Als Trinkwasserreservoir der Stadt Merauke war sein Schutz wesentliches Motiv für die Einrichtung des Nationalparks. Eine Erkundung des Parks folgt in der Regel zunächst der Küstenlinie und führt dann landeinwärts nach Rawa Biru, wo man in kleinen Mietbooten durch das Schilf und über offeneres Gewässer fahren kann.

Die traditionelle Landnutzung

Die Bevölkerungsgruppen der Marind und Kanum leben noch nach ihren Traditionen; Wasur betrachten sie als das Land ihrer Ahnen. Wie viele Einwohner ernähren sie sich hauptsächlich von Sago. Hier auf den sumpfigen

Oben: *Die Amethystpython verdankt ihren Namen einem besonderen, milchigen Schimmer ihrer Haut.*

Links: *Beritten machen sich die Jäger der Marind und Kanum auf die Jagd nach Rehen und Wallabys.*

Böden gedciht die nützliche Sagopalme besonders gut. Im Alter von etwa 20 Jahren wird ein Baum gefällt; von dem Mehl, das aus seinem Mark gewonnen wird, kann eine Familie monatelang leben. In einigen Orten werden aus den Blattrippen der Palme die Wände der auf Stelzen gebauten Häuser hergestellt; die Dächer werden mit der weichen, wasserdichten Rinde des Papierrindenbaums gedeckt, wenn auch heute zumeist Wellblech als Ersatz dient. Der Papierrindenbaum ist feuerresistent – er übersteht den Verlust seiner nachwachsenden Rinde schadlos. In den Gemüsegärten bauen die Marind und

Links: *Spaltfußgänse brüten in den ausgedehnten Feuchtgebieten des Parks.*

Unten: *Die farnartigen Zykadeen gehören zu den ältesten Pflanzen der Erde.*

Oben: *Das Flinke Känguruh ist das größte seiner Familie in Neuguinea; es bevorzugt offene Wälder und Savannen.*

Rechts Mitte: *Der eierlegende Kurzschnabeligel, eines der zwei in Neuguinea heimischen Kloakentiere.*

Rechts unten: *Über den Baumkronen sieht man Schwärme von laut kreischenden Allfarbloris.*

Nächste Seite: *Das offene Grasland von Wasur ist mit schilfbewachsenen Sümpfen durchsetzt.*

Kanum Cassava und Süßkartoffeln an. Ihren Eiweißbedarf decken sie mit Flußfischen, domestizierten Schweinen und Hühnern oder mit auf der Jagd erbeuteten Vögeln und Rehen. In Ermangelung von Steinen entstand die in Irian Jaya typische Art, Mahlzeiten zu garen: harte Brocken zerschlagener Termitenhügel werden im Feuer erhitzt und zusammen mit Fleisch und Gemüse in eine mit Blättern ausgelegte Kochmulde gelegt; dann wird die Kochmulde abgedeckt und nach mehreren Stunden ist der Inhalt gar. Die Hunde der Dorfbewohner sind auch als New Guinea Singing Dogs bekannt: anstatt zu bellen, erfüllen sie die Nacht mit einem vielstimmigen, wilden Heulen.

Die Rettung des Wasur-Nationalparks

Leider ist inzwischen das Ökosystem des Parks durch verschiedene Verwaltungsfehler bedroht, wie dem Import von Hirschen, dem Abbau von Sand für den Straßenbau und die Umwandlung einiger Gebiete in Rinderfarmen. In den späten 1980er Jahren entwickelte der WWF ein Langzeitprogramm zur nachhaltigen Nutzung: In enger Zusammenarbeit mit der einheimischen Bevölkerung, Regierungsvertretern und privaten Organisationen soll die illegale Ausbeutung der Ressourcen verhindert und gleichzeitig garantiert werden, daß der Park möglichst vielen Menschen einen gesicherten Lebensunterhalt verschafft, etwa durch Gästehäuser, die von der jeweiligen Dorfgemeinschaft bewirtschaftet werden.

Zusammenfassung der Schutzgebiete

Diese Zusammenfassung führt in Stichworten die aktuellen Nationalparks und Schutzgebiete auf. Viele davon sind in diesem Buch bereits beschrieben. Manche Schutzgebiete dienen ausschließlich der Forschung und sind für Touristen nicht zugänglich, andere befinden sich in einem Übergangsstadium zum Schutzgebiet, ihr Status ist noch nicht letztendlich geklärt. Aktuelle Informationen erteilen die auf S. 174 genannten Stellen.

Sumatra

Berbak (1627 km^2). Provinz/Insel: Jambi. Eingerichtet 1992. Tieflandwald, Tiger, Sumatra-Nashorn, Vögel.

Bukit Barisan Selatan National Park (3568 km^2). Provinz/Insel: Bengkulu/Lampung. Eingerichtet 1982. Regenwald; Südsumatra-Fauna.

Bukit Tiga Puluh (1277 km^2). Provinz/Insel: Jambi/Riau. Eingerichtet 1995. Primärregenwald, Sumatra-Fauna.

Kerinci Seblat National Park (13 680 km^2). Provinz/Insel: Westsumatra/Jambi/Bengkulu/Südsumatra. 1982 eingerichtet. Berge, Regenwald, Sumatra-Fauna einschl. Tapir, Roter Langur, Vögel.

Leuser-Ökosystem (18 000 km^2). Provinz/Insel: Aceh/Nordsumatra. Eingerichtet 1982/1998. Primärregenwald. Große Säugetiere wie Orang-Utan, Elefant, Tiger. Flußfahrten, Wanderungen.

Pulau Banyak Nature Reserve (2120 km^2). Provinz/Insel: Aceh. Eingerichtet 1996. Korallenriffe, Strände, endemische Vogelarten.

Siberut National Park (1905 km^2). Provinz/Insel: Westsumatra. Eingerichtet 1992. Mentawai-Kultur. Endemische Primaten.

Way Kambas National Park (1300 km^2). Provinz/Insel: Lampung. Eingerichtet 1989. Domestizierung wilder Elefanten, Tiger, Vögel.

Kalimantan

Bentuang Karimun (8000 km^2). Provinz/Insel: Westkalimantan. Eingerichtet 1995.

Bukit Baka–Bukit Raya (1811 km^2). Provinz/Insel: Westkalimantan/Zentralkalimantan. Eingerichtet 1992. Submontane und montane Wälder.

Gunung Palung Nature Reserve (900 km^2). Provinz/Insel: Westkalimantan. Eingerichtet 1990. Orang-Utan, Nasenaffe, Dipterokarpazeen-Wald.

Kayan Mentarang Nature Reserve (14 000 km^2). Provinz/Insel: Ostkalimantan. Eingerichtet 1996. Borneos größtes Schutzgebiet. Dipterokarpazeen-Wald im Tiefland, Sumatra-Nashorn, Primaten, Vögel.

Kutai National Park (1986 km^2). Provinz/Insel: Ostkalimantan. Eingerichtet 1995. Primär- und Sekundärwald. Orang-Utan und andere Primaten.

Tanjung Puting National Park (3550 km^2). Provinz/Insel: Zentralkalimantan. Eingerichtet 1982. Orang-Utan, Nasenaffe, Sumpfwald, Heidewald, Flüsse.

Java

Alas Purwo National Park (430 km^2). Provinz/Insel: Ostjava. Eingerichtet 1992. Banteng, Asiatischer Wildhund, Vögel einschl. Bartelsadler, Meerschildkröten.

Baluran National Park (250 km^2). Provinz/Insel: Ostjava. Eingerichtet 1980. Banteng, Primaten, ostjavanische Vögel.

Bogor Botanical Gardens (60 ha). Provinz/Insel: Westjava. Eingerichtet 1817. Wundervolle Ausstellung indonesischer Flora.

Bromo Tengger Semeru National Park (580 km^2). Provinz/Insel: Ostjava. Eingerichtet 1982. Vulkanische Landschaft, Wanderungen.

Gunung Gede Pangrango National Park (150 km^2). Provinz/Insel: Westjava. Eingerichtet 1982. Westjavanische Vögel, Wanderungen.

Gunung Halimun National Park (400 km^2). Provinz/Insel: Westjava. Eingerichtet 1992. Java-Gibbon, javanische Vögel.

Karimun Jawa (116 km^2). Provinz/Insel: Zentraljava. Eingerichtet 1990. Meeresbiotope, Meeresschildkröten.

Meru Betiri National Park (500 km^2). Provinz/Insel: Ostjava. Eingerichtet 1982. Javanischer Regenwald. Säugetiere, einschl. Java-Leopard. Eierlegende Meeresschildkröten, Vögel.

Pulau Dua Nature Reserve (30 ha). Provinz/Insel: West Java. Eingerichtet 1984. Mangrovenwälder, Küstenvögel.

Thousand Islands Marine National Park (1100 km^2). Provinz/Insel: Jakarta. Eingerichtet 1982. Korallenriffe, Atolle.

Ujung Kulon National Park (einschl. Krakatau) (1220 km).

Provinz/Insel: Westjava. Eingerichtet 1992. Java-Nashorn, andere Java-Fauna.

Bali

Bali Barat National Park (einschl. Menjangan Island) (777 km²). Provinz/Insel: Bali. Eingerichtet 1982. Korallenriffe, Vogelbeobachtung, Wandern.

Sulawesi

Bogani Nani Wartabone National Park (2871 km²). Provinz/Insel: Nordsulawesi. Eingerichtet 1991. Schopfmakak, Vögel, Regenwald.

Bunaken Marine National Park (891 km²). Provinz/Insel: Nordsulawesi. Eingerichtet 1991. Korallenriffe.

Lore Lindu National Park (2310 km²). Provinz/Insel: Zentralsulawesi. Eingerichtet 1982. Anoa, Babirusa, Vögel, Regenwald.

Morowali Nature Reserve (2250 km²). Provinz/Insel: Zentralsulawesi. Eingerichtet 1986. Celebes-Fauna, Berge.

Rawa Aopa Watumohai National Park (968 km²). Provinz/Insel: Südostsulawesi. Eingerichtet 1989. Savanne, Monsunwald.

Taka Bone Rata (5308 km²). Provinz/Insel: Südsulawesi. Eingerichtet 1992. Korallenriffe.

Tangkoko Dua Saudara Nature Reserve (43 km²). Provinz/Insel: Nordsulawesi. Eingerichtet 1978. Schopfmakak, Celebeskoboldmaki, Vögel.

Wakatobi Marine National Park (13 900 km²). Provinz/Insel: Südostsulawesi. Eingerichtet 1996. Korallenriffe und andere Meeresbiotope.

Molukken

Banda Islands (32 km²). Provinz/Insel: Molukken. Eingerichtet 1977/1992. Korallenriffe, Molukken-Vögel.

Manusela National Park (1890 km²). Provinz/Insel: Seram, Molukken. Eingerichtet 1982. Molukken-Fauna, mehrere Vegetationszonen, endemische Schmetterlinge.

Nusa Tenggara

Gunung Rinjani 00 km²). Provinz/Insel: Lom-
bok. Eingericht lerungen, Kratersee, monta-
ner Wald.

Kelimutu Nati). Provinz/Insel: Flores. Ein-
gerichtet 199 schaft, Wallacea-Vögel.

Komodo Nat m²). Provinz/Insel: Komodo.
Eingerichtet 1 an, Wallacea-Vögel, Korallen-
riff.

Laiwangi–W km²). Provinz/Insel: Sumba.
Eingerichtet

Manupeu–L Provinz/Insel: Sumba. Einge-
richtet 199

Maumere N **Park** (595 km²). Provinz/Insel:
Flores. Ein allenriffe und andere Meeres-
biotope.

Ruteng N **Park** (320 km²). Provinz/Insel:
Flores. Ein ver Vulkan. Endemische Vögel,
montane

Irian Ja

Arfak M **eserve** (680 km²). Provinz/Insel:
Irian Ja Neuguinea-Vögel, einschl. Para-
diesvög

Cendra **National Park** (14 535 km²).
Provinz gerichtet 1990. Korallenriffe und
andere

Lorent 5 050 km²). Provinz/Insel: Irian
Jaya. ensräume, einschl. eines äquato-
rialen e, Vögel.

Wasu 30 km²). Provinz/Insel: Irian Jaya.
Einge nwald mit Grasflächen. Wallabies,
Vöge

Que al of Nature Conservation, Jakarta,
Ind

Nützliche Adr

Genehmigungen für die Nationalparks und anderen Schutzgebiete werden an den Eingangstoren oder in einem nahegelegenen Büro ausgestellt (mehrfache Paßkopien sind hier von Nutzen).

Mehrere Institutionen kümmern sich in Indonesien um den Naturschutz. in der folgenden Liste finden Sie diejenigen Organisationen, die Touristen Auskünfte erteilen.

Auch im Internet sind zunehmend Informationen zu den Parks und Schutzgebieten verfügbar. Ein Suchlauf, mit dem Sie nach dem Namen des betreffenden Parks oder der Region forschen, ist immer einen Versuch wert. Einige hervorragende Internet-Seiten sind hier angeführt.

Indonesian Nature Conservation Database
Ausführliche und aktuelle Informationen zu den indonesischen Schutzgebieten sowie deren Fauna und Flora; dazu Reiseberichte und Links zu anderen Seiten:
www.noord.bart.nl/edcolijn

Seloliman Environmental Education Centre
Ökologisch wohnen und lernen in herrlicher Umgebung in Ostjava (Voluntariate möglich).
PO Box 03, Trawas, Mojokerto, East Java, Indonesia 61375
Fax: 321-618754 or 321-880884
E-mail: pplh@sby.centrin.net.id
Website: www.webcom.com/pplh

Bali Environmental Education Centre
Hier kann man wohnen und Erfahrungen im angewandten Naturschutz sammeln (Voluntariate möglich).
Jl. Danau Tamblingan 148, Sanur, Bali, Indonesia
Fax: 361-287314; E-mail: pplh-bali@denpasar.wasantara.net.id
Website: www.webcom.com/pplh

Glossar

Ährenträgerpfau *(Pavo muticus)*, Green Peafowl 51, 83, 85, 87
Allfarblori *(Trichoglossus haematodus)*, Rainbow-Lory 167, 170
Ameisenigel *(Tachyglossidae)*, Echnida 155, 170
Amethystpython *(Liasis amethystimus)*, Amethystine Python 131, 168
Anoa *(Bubalus depressicornis)*, Anoa 107, 108, 113, 116, 121
Arakakadu *(Probosciger aterrimus)*, Palm Cockatoo 167
Argusfasan *(Argusianus argus)*, Great Argus Pheasant 42
Arielfregattvogel *(Fregata ariel)*, Lesser Frigate-bird 146
Asiatischer Elefant *(Elephas maximus)*, Asian Elephant 20, 21, 23, 25, 26, 37 40
Augenstreifbülbül *(Loidorusa goiavier)*, Yellow-vented Bulbul 52, 83
Babirusa / Hirscheber *(Babyrousa babyrussa)*, Babirusa 106, 107, 108, 109, 113, 116
Balistar *(Leucospar rothschildi)*, Bali Starling/ Bali-mynah / Bali Myna 91
Bankivahuhn *(Gallus gallus)*, Red Junglefowl 70
Banteng *(Bos javanicus)*, Banteng 51, 52, 81, 83, 87, 88
Bärenkuskus *(Phalanger ursinus)*, Bear Cuscus / Bear Phalanger 104, 106, 108
Bartelsadler *(Nisaetus bartelsi)*, Javan Hawk-Eagle 62, 63, 87
Bartsegler *(Hemiprocne mystacea)*, Whiskered Tree-swift 23
Bartstreif-Zweigtimalie *(Malacopteron magnirostre)*, Moustached Babbler 23
Bartvögel *(Capitonidae)*, Barbets 13, 81
Baumkänguruh *(Dendrolagus sp.)*, Tree Kangaroo 155
Bengalkatze *(Prionailurus bengalensis)*, Leopard Cat 140
Beo *(Gracula religiosa)*, Hill-Myna / Javan Hill Mynah 94
Bergblauschnäpper *(Cyornis banyumas)*, Hill Blue Flycatcher 84
Beuteltiere *(Marsupialia)*, Marsupials 13, 97, 104, 106, 108, 130, 155, 157, 161, 167
Beutelwolf *(Thylacinus cynocephalus)*, Thylacin / Tasmanian Wolf 161
Bindenfregattvogel *(Fregata major)*, Great Frigate-bird 146
Bindenwaran *(Varanus salvator)*, Monitor Lizard 42, 47, 51, 80, 109, 143
Blauflügel-Blattvogel / Gelbkopf-Blattvogel *(Chloropsis cochinchinensis)*, Blue-winged Leafbird 63
Blauorhliest *(Cittura cyanotis)*, Blue-eared Kingfisher 26, 42
Blauschwanz-Fruchttaube *(Ducula concinna)*, Blue-tailed Imperial Pigeon 133, 134
Borneo-Schönechse *(Calotes cristatellus)*, Crested Lizard 16
Borstenzähner *(Chaetodontidae)*, Butterflyfish 67, 91, 135
Brahminenweih *(Haliastur indus)*, Brahminy Kite 30, 57, 146
Braunkehl-Bartvogel *(Chotorea corvina)*, Brown-throated Barbet 63
Breitschwanz-Sichelhopf *(Epimachus fastuosus)*, Black Sickle-billed Bird of Paradise 159
rillenparadiesvogel *(Macgregoria pulchra)*, lacGregor's Bird of Paradise 161
illenpelikan *(Pelecanus conspicillatus)*, istralian Pelican 146, 167
olgakranich *(Grus rubicunda)*, Brolga / olga Crane 167
nzeschwanzfasan *(Polyplectron chalum)*, Bronze-tailed Peacock-Pheasant 38
oüls *(Pycnotidae)*, Bulbuls 13
chlerche *(Mirafra cantillans)*, Singing -Lark 84
bes-Schwein *(Sus celebensis)*, Celebes Boar 30, 83
es-Spint *(Meropogon forsteni)*, Purple-ed Bee-eater 119, 121, 129, 130
skoboldmaki *(Tarsius spectrum)*, Eas-pectral) Tarsier 103, 104, 108, 121
lederkopf *(Philemon subcorniculatus)*,
Ceram Friarbird / Seram Friarbird 129
Ceramnasenbeutler *(Rhynchomeles prattorum)*, Ceram Long-nosed Bandicoot / Seram Long-nosed Bandicoot 130
Cistensänger *(Cisticola juncidis)*, Fan-tailed Cisticola / Zitting Cisticola 85
Dajaldrossel *(Copsychus saularis)*, Magpie Robin 52
Delphin *(Delphinus delphis)*, Common Dolphin 14, 66, 65, 119, 120, 146, 146
Diademschmätzer *(Myiomela diana)*, Sunda Blue Robin 71
Dollarvogel *(Eurystomus orientalis)*, Dollar-Bird 94
Dornenkronen-Seestern *(Acanthaster planci)*, Crown-of-Thorns Starfish 101
Drückerfische *(Balistidae)*, Triggerfish 91, 135
Dugong / Seekuh *(Dugong dugong)*, Dugong / Sea-Cow 14, 30, 47, 99, 109, 120
Echte Karettschildkröte *(Eretmochelys imbricata)*, Hawksbill Turtle 28, 29, 88, 109, 119
Echte Schleimfische / Unbeschuppte Schleimfische / *(Blennius sp.)*, Blennies 105
Echte Schwalbenschwänze, Schwalbenschwanzfalter *(Papilio sp.)*, Swallowtail Butterflies 71, 108, 116, 127
Edelpapagei *(Eclectus roratus)*, Eclectus-Parrot 126, 129
Eilseeschwalbe *(Thalasseus bergii)*, Crested Tern / Swift Tern 88
Elritze *(Phoxinus phoxinus)*, Minnow 25
Elsterstar *(Sturnopastor contra)*, Pied / Asian Pied Starling 91, 94
Elstertoko *(Tockus fasciatus)*, Pied Hornbill 84
Engelfische *(Pomacanthinae)*, Angelfishes 30
Erzlori / Schwarzkappenlori *(Lorius domicella)*, Purple-naped Lory 128, 129
Fächerparadieselster / Fächerastrapia *(Astrapia nigra)*, Arfak Astrapia 159
Fahlbauch-Paradiesschnäpper *(Terpsiphone paradisi)*, Asian Paradise Flycatcher 52
Fischkatze *(Prionailurus viverrinus)*, Fishing Cat 57, 58, 59
Flachkopfkatze *(Ictailurus planiceps)*, Flat-headed Cat 38
Flaggendrongo *(Dicrurus paradiseus)*, Greater Racket-tailed Drongo 81
Fleckenmusang / Malaiischer Palmenroller *(Paradoxurus hermaphroditus)*, Common Palm Civet 51, 68, 69, 71, 81, 131
Flederhunde; Flughunde i. e. S. *(Megachiroptera; Pteropidae)*, Fruit Bats 140
Flederhunde; Langnasen-Flughunde; Eigentliche Flughunde *(Megachiroptera; Pteropinae; Pteropus sp.)*, Flying Fox 140
Fledermaus-Gleitaar *(Machaerhamphus alcinus)*, Bat-Hawk 42
Fledertiere *(Chiroptera)*, bats 30, 49, 56, 108, 126, 130, 137, 140, 155
Flinkes Känguruh / Sandwallaby *(Wallabia agilis)*, Agile Wallaby / Sandy Wallaby 167, 170
Flußregenpfeifer *(Charadrius dubius)*, Little Ringed Plover 30
Flußuferläufer *(Actitis hypoleucos)*, Common Sandpiper 30
Furchenjahrvogel *(Rhyticeros undulatus)*, Wreathed Hornbill 81
Gabelschwanzhuhn *(Gallus varius)*, Green Junglefowl 76, 83, 145
Gelbhaubenkakadu *(Cacatua galerita / Kakatoe galerita)*, Sulphur-crested Cockatoo / Yellow-crested Cockatoo 142, 145
Gelbscheitel-Bartvogel *(Cyanops henricii)*, Yellow-crowned Barbet 42
Gemeiner Krake *(Octopus vulg.)*, Octopus 101
Gemeiner Meerengel *(Squatina squatina)*, Angel Fish 92, 135
Gewöhnlicher Flugdrachen *(Draco volans)*, Drako Lizard / Flying Lizard / Flying Dragon 15, 113, 141
Gleithörnchen *(Pteromyinae)*, Flying Squirrels 69, 71, 81
Goldbrustbülbül *(Rubigula melanictera)*, Black-crested Bulbul 52
Goldkatze *(Profelis sp.)*, Golden Cat 27, 37, 38
Goldwangen-Bartvogel *(Chotorea chryso-*

REGISTER